Trabajo de sombras

Una guía para integrar su lado oscuro para el despertar espiritual

© Copyright 2023

Todos los derechos reservados. Ninguna parte de este libro puede ser reproducida de ninguna forma sin el permiso escrito del autor. Los revisores pueden citar breves pasajes en las reseñas.

Descargo de responsabilidad: Ninguna parte de esta publicación puede ser reproducida o transmitida de ninguna forma o por ningún medio, mecánico o electrónico, incluyendo fotocopias o grabaciones, o por ningún sistema de almacenamiento y recuperación de información, o transmitida por correo electrónico sin permiso escrito del editor.

Si bien se ha hecho todo lo posible por verificar la información proporcionada en esta publicación, ni el autor ni el editor asumen responsabilidad alguna por los errores, omisiones o interpretaciones contrarias al tema aquí tratado.

Este libro es solo para fines de entretenimiento. Las opiniones expresadas son únicamente las del autor y no deben tomarse como instrucciones u órdenes de expertos. El lector es responsable de sus propias acciones.

La adhesión a todas las leyes y regulaciones aplicables, incluyendo las leyes internacionales, federales, estatales y locales que rigen la concesión de licencias profesionales, las prácticas comerciales, la publicidad y todos los demás aspectos de la realización de negocios en los EE. UU., Canadá, Reino Unido o cualquier otra jurisdicción es responsabilidad exclusiva del comprador o del lector.

Ni el autor ni el editor asumen responsabilidad alguna en nombre del comprador o lector de estos materiales. Cualquier desaire percibido de cualquier individuo u organización es puramente involuntario.

Su regalo gratuito

¡Gracias por descargar este libro! Si desea aprender más acerca de varios temas de espiritualidad, entonces únase a la comunidad de Mari Silva y obtenga el MP3 de meditación guiada para despertar su tercer ojo. Este MP3 de meditación guiada está diseñado para abrir y fortalecer el tercer ojo para que pueda experimentar un estado superior de conciencia.

https://livetolearn.lpages.co/mari-silva-third-eye-meditation-mp3-spanish/

Índice

INTRODUCCIÓN 1
CAPÍTULO 1: TRABAJO DE SOMBRAS (CONCEPTOS BÁSICOS) 2
CAPÍTULO 2: DESCUBRA Y ACEPTE SU SOMBRA 10
CAPÍTULO 3: EL EFECTO ESPEJO DE LA SOMBRA 18
CAPÍTULO 4: LA SOMBRA Y LA AUTENTICIDAD 25
CAPÍTULO 5: LA SOMBRA Y LAS RELACIONES 31
CAPÍTULO 6: LA SOMBRA Y LA SOCIEDAD 37
CAPÍTULO 7: EJERCICIOS PARA EL TRABAJO DE SOMBRAS 45
CAPÍTULO 8: LOS ALTIBAJOS DEL TRABAJO DE SOMBRAS 54
CAPÍTULO 9: ILUMINAR SU SOMBRA 59
CAPÍTULO 10: TRABAJO DE SOMBRAS, UNA ETAPA DEL DESPERTAR ESPIRITUAL 67
GUÍA DE 30 DÍAS PARA EL DESPERTAR ESPIRITUAL A TRAVÉS DEL TRABAJO DE SOMBRAS 77
VEA MÁS LIBROS ESCRITOS POR MARI SILVA 81
SU REGALO GRATUITO 82
REFERENCIAS 83

Introducción

El problema de hoy en día es que todos sufrimos por ignorar nuestras propias sombras. La depresión, la ansiedad, la guerra y las diferentes luchas son el resultado de una sombra colectiva que todos debemos enfrentar, comenzando con nuestras sombras personales. Suponga que ha estado pasando por momentos más difíciles de lo habitual, saboteándose a sí mismo, arruinando sus posibilidades y relaciones. Quizás es su sombra pidiendo que le preste atención. Es hora de integrar su sombra para encontrar su autenticidad y finalmente poder sanar.

Sin integrar las partes de nosotros que hemos rechazado, no hay posibilidad de conectarnos con nuestras almas como deberíamos. No podremos crecer ni a nivel personal ni mucho menos espiritual. Al leer este libro usted es claramente consciente de precisar esta ayuda y sabe que es momento de observar esas partes rechazadas durante todo este tiempo.

A diferencia de otros libros sobre este tema, este libro es de lectura fácil y los conceptos se explican de una manera simple. Si es nuevo en este tema o si ya tiene experiencia, encontrará innumerables joyas en estas páginas para extraer y enriquecer su vida. Todo está escrito en un lenguaje simple, sin conceptos esotéricos que puedan confundir a los lectores.

Si está preparado para comenzar y redimir todas sus partes, ¡está en el lugar perfecto! Mantenga una mente abierta y prepárese para volver a sentirse completo.

Capítulo 1: Trabajo de sombras (conceptos básicos)

¿Qué es la sombra?

La sombra es un término utilizado en metafísica para describir la totalidad de nuestra mente inconsciente. Se puede ver como un arquetipo que consiste en elementos instintivos y emociones, que representan nuestra parte "oscura". Generalmente, las sombras son algo considerado tabú porque son negativas e incontrolables. Sin embargo, las sombras también son necesarias para nuestro bienestar psicológico. La sombra también se describe como una "otra mitad" dentro de nosotros. Se considera la parte de cada ser que no es de buen carácter moral y que otros no pueden ver porque es una parte que no revelamos. Esto conduce a una falta de autoaceptación y confianza en la propia personalidad.

¿Qué es el trabajo de sombras?

Lleve su mente inconsciente a la conciencia
https://www.pexels.com/photo/adult-anger-art-black-background-356147/

El concepto de "trabajo de sombras" se refiere al proceso de traer nuestra mente inconsciente a la conciencia. Esto permite que nuestro lado oscuro salga a través de la visualización o los sueños, y luego abrazando esa oscuridad sin intentar ocultarla. Con la práctica, la sombra se integrará con nuestro lado de "luz" y nos hará personas completas.

El trabajo de sombras se puede utilizar como una herramienta en psicología y espiritualidad. Se usa en psicología cuando deseamos descubrir recuerdos reprimidos y también se puede aplicar en la espiritualidad cuando se busca un mayor conocimiento del alma y su propósito. Entre otras cosas, el trabajo de sombras ayuda a las personas a ser más conscientes de las cosas que interfieren en su vida diaria y ver lo que necesitan para alcanzar la cura. Esto se logra entrando en contacto con su sombra y aprendiendo a abrazarla. Buscamos entender nuestra sombra y confrontarla con la luz para sanar los conflictos internos dentro de nosotros mismos. Muchas personas ven la sombra como algo negativo que solo se puede entender al desenterrarla por completo. Sin embargo, esto no es del todo correcto. Después de todo, la sombra también se compone de algunas de las cosas buenas que ha rechazado porque otras personas no las aceptaban cuando usted era más joven.

¿Cómo nace la sombra?

Su sombra (a menudo referida como su "lado oscuro") nace al comienzo de su vida, probablemente a una edad muy temprana. Nuestro entorno y la forma en que nuestros padres nos consolidaron o rechazaron jugará un papel muy importante en el desarrollo de un pensamiento más o menos saludable sobre nosotros mismos. Incluso las personas más iluminadas tienen su lado oscuro. Esto se debe a que todos los seres humanos nacemos con instintos. Inherentemente deseamos experimentar el placer y evitar el dolor. Quienes no puedan aceptar esta faceta de sí mismos desarrollarán, como resultado, un sentimiento de vergüenza. Estos individuos generalmente se convierten en personas perfeccionistas que nunca están satisfechas con su desempeño.

La sombra nace de las cosas que usted rechaza sobre sí mismo y de los malos momentos que ha vivido de niño. Consiste en todas las cosas desagradables en las que no queremos pensar, cosas que suprimimos y negamos. Esto nos hace asumir características destructivas para evitar lidiar con el dolor que hemos creado. Estas características pueden ser cualquier cosa, desde problemas de adicción, perfeccionismo y baja autoestima.

Por qué debería conocer su sombra

Como dijo Carl Jung: "Uno no se ilumina imaginando figuras de luz, sino haciendo consciente la oscuridad". Es importante entender que no podemos evitar las sombras. Son parte de cada ser humano y son ineludibles. Comprender este concepto es un paso importante para aprender a amarse a uno mismo. Como resultado de su trabajo de sombras, podrá reconocer su lado malo sin vergüenza y hacer las paces con él. También podrá descubrir y apreciar lo bueno dentro de sí que ha estado oculto durante años y finalmente apreciarlo como algo que vale la pena en lugar de rechazarlo.

Jung también dijo: "Todo el mundo lleva una sombra, y cuanto menos se incorpore en la vida consciente del individuo, más negra y densa será". Cuando somos jóvenes, la sombra suele adquirir forma debido a nuestras experiencias. Podemos ser tímidos, tranquilos, introvertidos o tratar de ser el centro de atención. Estas características son simplemente rasgos que queremos que otros vean, no los que deseamos ocultar. Sin embargo, aquellos que reprimen su sombra evitan poder convertirse en individuos más maduros y espiritualmente conscientes, capaces de *soportar* las cargas que conlleva vivir en este mundo sin ser aplastados por estas.

Cuando reprimimos la sombra, lo hacemos porque nos avergüenza. La sombra nace cuando somos niños pequeños y no tenemos idea de lo que es una sombra, lo que significa y por qué está allí. Como resultado, vemos esta parte de nosotros como algo que causaría daño a otros. Esto hace que nos escondamos de nuestras emociones y nos sintamos aislados del mundo. Reprimir la sombra también nos impide entender quiénes somos realmente y nos hace más susceptibles a proyectar nuestra ira sobre los demás.

El trabajo de sombras y el despertar espiritual

Cuando usted se enfrenta a su sombra, se encuentra cara a cara con usted mismo. Es la única forma de conseguir autoconocimiento y conciencia real de quiénes somos. Por lo general, a la gente no le gusta encarar sus sombras. Mucha gente sufre de problemas psicológicos porque tienen miedo de saber qué hay debajo de todo ese desorden en sus mentes. Es más fácil ceder a sus adicciones y dejar que las mentiras se apoderen de sus vidas y de quienes creen que son en la sociedad.

El trabajo de sombras implica el proceso de llevar su inconsciente hacia la luz de la conciencia y puede ser un proceso difícil y doloroso. Esto le permite descubrir sus aspectos internos reprimidos. Su sombra no es algo a lo que temer, sino más bien una parte de usted que necesita ser entendida y abrazada como parte de su naturaleza. Su mente consciente también necesita saber cómo trabajar con ella para alcanzar el despertar espiritual. Desafortunadamente, muchas personas no entienden que su psique o mente inconsciente tiene un propósito y función, y suelen rechazar estas ideas que consideramos fundamentales para el proceso.

¿Cómo funciona el trabajo de sombras?

El trabajo de sombras es un largo proceso de descubrimiento consciente durante el cual usted se enfrenta a sus rasgos de personalidad reprimidos (personalidades y patrones de comportamiento) y se convierte en practicante del Ser. Es este autoconocimiento el que conduce a la iluminación personal y al despertar espiritual. Durante el trabajo de sombras, uno aprende a verse a sí mismo como parte del mundo interior y exterior. Cuando podemos percibirnos plenamente a nosotros mismos, trascendemos los límites entre la experiencia interna y externa.

En la psicología junguiana, el trabajo de sombras implica la imaginería mental visual necesaria para tratar problemas psicológicos inconscientes como la violencia. Uno debe aprender a lidiar y visualizar la sombra en lugar de permitir que consuma su vida. Muchas personas que se someten al trabajo de sombras lo sienten difícil y frustrante. Aunque muchos queremos negar nuestra verdadera personalidad, no se puede negar *quienes somos*. No tiene que cambiar su sombra, simplemente tiene que aceptarla como es. Una vez que pueda hacer esto, su sombra ya no tendrá control sobre su vida y dejará de ser un obstáculo en su proceso de despertar espiritual.

Carl Jung era consciente de la importancia de la sombra. Escribió sobre la necesidad de comprenderla para el crecimiento y la madurez. Incluso hizo declaraciones explícitas sobre la necesidad de trabajar nuestro lado oscuro para estar libre de sus influencias negativas y comportamientos destructivos. Jung consideró este aspecto como un paso vital hacia el autoconocimiento y la iluminación personal. Aunque todos estamos marcados por nuestra sombra, podemos aprender a integrarla con el resto de lo que somos.

Mitos sobre el trabajo de sombras

Abordemos algunos de los mitos y conceptos erróneos que rodean al trabajo de sombras y a la sombra misma.

1. **Usted es una mala persona por tener una sombra:** la sombra no es intrínsecamente mala. Es una parte suya que nunca fue explorada, simplemente se asoció a emociones negativas basadas en arquetipos sociales externos.
2. **Usted está solo en este proceso de querer trabajar en su sombra:** muchas personas quieren trabajar a través de sus sombras y despertares espirituales. De hecho, existe una gran comunidad de personas interesadas en los mismos temas y que han estado luchando con los mismos problemas que usted.
3. **Usted es débil por no querer lidiar con su sombra:** muchas personas evitan trabajar sus sombras hasta sentirse realmente listas. Esperar no lo hace débil o cobarde. El hecho es que ninguno de nosotros sabe cuándo estaremos listos para lidiar con

nuestros problemas emocionales. A veces podemos pasar por un período oscuro que dura muchos años y no enfrentarlo. Cuando sea el momento, lo sabrá.

4. **Su sombra no es importante**: su sombra es una parte integral de quién es y por qué es como es hoy en día. Necesita entender su sombra si quiere romper los lazos de su pasado y comenzar una nueva fase de despertar espiritual. Se equivoca si cree que puede deshacerse de ella sin ninguna consecuencia.

5. **El trabajo de sombras es imposible y no tiene sentido**: no hay nada que temer. Hay muchas razones por las que el trabajo de sombras puede valer la pena. Puede ayudarlo a lidiar con las emociones de su pasado y darle una mejor comprensión de sí mismo y de su identidad. Si se ha estado autosaboteando y no puede entender por qué, tal vez sea hora de explorar la oscuridad.

Su lado oscuro puede autosabotearlo

Su lado oscuro puede evitar que gane dinero: su sombra puede ser un obstáculo importante detrás de su falta de ganancias financieras. Dado que su sombra es un lado que ha reprimido y catalogado como negativa, tiende a tener una visión oscura y destructiva del dinero. Es posible que no pueda ver nada positivo sobre el dinero porque inconscientemente le tiene miedo (o nunca se le inculcó una visión positiva). Si vive ganando y viviendo con poco dinero, puede ser que su lado oscuro lo esté conduciendo a situaciones en las que deba lidiar con sus emociones. También podría ser que sus talentos (que podrían darle mucho dinero) estén enterrados en la sombra y necesiten ser iluminados.

Su sombra saboteará sus relaciones amorosas: una de las formas en que su sombra puede causar problemas en las relaciones amorosas es debilitando sus partes buenas. Su sombra busca evitar que sea feliz. Si trabaja con su sombra, cambiará sus formas y le permitirá experimentar el amor de manera saludable. Muchas cosas pueden evitar que las cosas buenas de su relación florezcan. Tal vez una parte suya desee permanecer soltera y aislada (el arquetipo solitario), o quiere un poco más de lo que tiene disponible (el arquetipo envidioso). Tal vez sea incapaz de amar por miedo al rechazo: este es un aspecto que pone paredes emocionales cuando los demás se acercan demasiado y que también podría ser la razón por la que atrae a las parejas equivocadas.

Su sombra puede evitar que tenga un cuerpo saludable: su sombra puede afectar su salud. Tal vez usted no sea consciente de su sensibilidad a ciertos alimentos o no obtenga suficiente sol y ejercicio. Además, su necesidad de control puede llevarlo a hacer demasiadas cosas en lugar de hacer aquello que le hace feliz a su cuerpo (como mimarlo con una rica comida). Es incluso posible que no pueda perder peso porque su aspecto de sombra se sienta inseguro y vea la grasa como un mecanismo de protección.

Su sombra puede evitar que disfrute su vida: su lado oscuro podría ser el problema detrás de su incapacidad para disfrutar de la vida. Tal vez sienta demasiada ansiedad y miedo, o siempre esté tratando de controlar todo en vez de permitirse vivir espontáneamente y disfrutar el momento. Trabajar en su sombra también puede ayudarlo a ser más feliz. El proceso le enseñará a trabajar sus emociones pasadas y dejarlas ir para disfrutar de nuevas experiencias. También le enseñará a aceptarse por lo que es y dejar de enojarse con usted mismo cuando las cosas no salen como quiere.

Su sombra bloquea el amor de los demás: su sombra puede dificultar que los demás vean lo bueno en usted. Tal vez sea el tipo de persona que no puede ver lo bueno en sí mismo, habla mal de usted mismo y actúa tanto que convence a los demás de que realmente no es digno del amor de los demás. Lo más probable es que se alejen o lo abandonen, o que cree vínculos tóxicos. Incluso puede atraer a personas que no se preocupen por sus necesidades y que desaparecerán al conocerlo mejor.

Cuestionario: ¿Qué tan dominante es su sombra?

1. Creo que hay algo malo dentro de mí que me obliga a controlar constantemente todo a mi alrededor.
2. Siento que nada de lo que hago es lo suficientemente bueno, no importa todo lo que logre o lo que otros digan al respecto.
3. Mi necesidad de tener el control de todo evita que alguien se acerque demasiado a mí y perjudica mis relaciones.
4. Tengo problemas para ver lo bueno en mí mismo y reacciono exageradamente cada vez que alguien me hace un cumplido.
5. Mi estado de ánimo depende de lo que está pasando a mi alrededor. Si la gente comienza a hacer un alboroto, me será

difícil seguir siendo feliz.

6. No me siento conforme conmigo mismo a pesar de que los demás no vean el problema.

7. Mis proyectos a veces van mal y parece que las cosas se están desmoronando a mi alrededor, a pesar de mis mejores esfuerzos.

8. Todo a mi alrededor parece desmoronarse porque estoy demasiado apegado y mis emociones se interponen en mis proyectos.

9. De repente, me siento abrumado por emociones negativas.

10. De alguna manera siempre digo o hago algo que arruina mis posibilidades de éxito.

Si respondió "sí" a seis o más de estas preguntas, es probable que su sombra tenga un rol dominante y le sugiero que comience a trabajarla.

Capítulo 2: Descubra y acepte su sombra

Antes de hablar sobre lo necesario para descubrir su sombra (y en última instancia sentirse cómodo con ella y aceptarla), necesitamos definir los conceptos de "descubrimiento" y "aceptación". El proceso de descubrimiento consiste en encontrar algo que siempre ha estado en su lugar. Se trata de revelar su ubicación o paradero. El punto a tener en cuenta aquí es que a veces no se puede encontrar lo que uno está buscando y es por eso que muchas personas ni siquiera saben que tienen un aspecto oscuro. De hecho, es posible que en este momento piense en alguien específico y no pueda ni imaginar que esa persona tenga un lado oscuro. Por ejemplo, la idea de que la Madre Teresa tuviera un lado oscuro es algo que muchos no pueden comprender.

"Aceptación" significa llegar a un acuerdo con la existencia o la verdad de algo. Se trata del proceso de conocer alguna cosa y saber que es válida tal cual es, en lugar de intentar deshacerse o luchar contra ella. Al enterarse que tenemos una sombra, algunas personas buscan eliminarla, pero no es así que funciona. Debe integrar la sombra con la luz pues es una parte más de usted. Si rechaza una parte de usted mismo, solo se volverá más indefenso ante la sombra. De hecho, el rechazo es lo que dio vida a su lado oscuro en primer lugar.

Qué significa descubrir y aceptar su sombra

Puede que tenga dificultades para creer que tiene un lado oscuro, pero piénselo de esta manera. Todo el mundo tiene oscuridad dentro de sí. Tal vez sea propenso a ser innecesariamente malo a veces o a disfrutar de la desgracia de los demás. O, tal vez su parte más insegura quiera que todos a su alrededor sean tan miserables e inseguros como usted para que validen sus sentimientos. El punto es que todo el mundo tiene algún tipo de aspecto oscuro, pero no significa que sean personas malas. Significa que su lado oscuro está constantemente allí, pero se mantiene en secreto hasta sentir la necesidad de revelarse. Cuando su sombra aparece y se activa, usted puede o no estar de mal humor. Puede que esté en un estado pesimista o ansioso, pero la persona que está dentro (que ha estado reprimida durante tanto tiempo) podría ser mucho peor de lo que cree.

Muchas personas temen tanto a su lado oscuro que viven como si no existiera. Esto puede ser un mecanismo de defensa, pero también una forma de negar su verdadera esencia o su lado oscuro. Es por eso que es esencial descubrir y aceptar su sombra. Es la mejor manera de lograr el bienestar espiritual y el despertar.

¿Qué es el despertar espiritual y cómo está conectado con su lado oscuro?

El despertar espiritual es un término amplio que se refiere a la experiencia de pasar de ser inconsciente e ignorante a ser más consciente y conocedor. Esto incluye tener control sobre sus situaciones de vida, pensamientos y emociones. Se trata de despertar al significado de la vida. Para tener una idea más clara de lo que esto significa, analicemos ese proceso de pensamiento a través de los ojos de Carl Jung.

Carl Jung creía que, para volvernos más conscientes, debemos confrontar nuestras partes oscuras y hacer las paces con ellas. Para hacer esto, debemos liberar lo reprimido y retorcido dentro de nosotros. Debemos dejar ir el dolor y el sufrimiento que una identidad errónea o el ego puede causar. También debemos aceptarnos a nosotros mismos y darnos cuenta de que todos somos seres humanos que cometemos errores. Al mismo tiempo, debemos reconocer nuestro potencial de grandeza y hacer lo que sea necesario para alcanzarlo en su plenitud.

Todo esto está conectado a un concepto llamado "individuación". Básicamente quiere decir que su identidad o ego se individualiza y ya no es como los otros, sino que está moldeado por su perspectiva y experiencias de vida. La individuación es uno de los conceptos más importantes en psicología, especialmente porque se aplica también a su sombra. Abrazar sus pensamientos y emociones inconscientes y aprender a trabajarlos conduce a la individuación y al despertar espiritual.

Por qué debe aceptar sus defectos para progresar espiritualmente

Aceptar sus defectos les quitará el poder que tienen sobre usted: una de las formas en que puede comenzar a despertar su lado oscuro es aceptándolo. O deja de luchar contra él o intentará esconderlo de los demás. Debe darse cuenta de que su lado oscuro está bien y es parte de lo que usted es. Admitir que tenemos estas perspectivas y creencias defectuosas puede ser muy oscuro y doloroso, pero mientras no las rechacemos, no serán capaces de controlarnos, enfermarnos o angustiarnos.

Aceptar sus defectos lo ayudará a crecer: otro beneficio de aceptar sus defectos es que lo ayudará a ser más consciente de las cosas. Si vive luchando constantemente y escapando de su lado oscuro, es difícil ser consciente y ver que todo en este mundo ayuda a dar forma a su personalidad. Sin embargo, aceptar todo eso que compone su personalidad le dará una mayor perspectiva. Todos tenemos nuestros defectos. En lugar de avergonzarse por estas características humanas, acéptelas y haga algo al respecto.

Aceptar sus defectos le permitirá ser usted mismo: cuando acepte sus defectos comenzará a darse cuenta de que usted no es quien pensaba que era. Por ejemplo, alguien cree que es una persona amable y amorosa, pero luego descubre su lado oscuro que quiere lastimar a las personas. Esto puede ser muy confuso y aterrador porque nos criaron para creer que si nos comportamos mal nos sucederán cosas malas. Sin embargo, supongamos que dejamos de luchar contra nosotros mismos y aprendemos a aceptar quiénes somos y qué nos está enseñando nuestro lado oscuro. Así es más fácil ver la verdad sobre uno mismo. Cuando uno se enfrenta a uno mismo, puede trabajar efectivamente para mejorar.

Aceptar su lado de luz y también su lado oscuro lo ayudará a ser más objetivo: al aceptar todo sobre quiénes somos y lo que moldea nuestras personalidades, dejamos de proyectar nuestros defectos en otras personas. Por ejemplo, si vive luchando contra pensamientos negativos, puede proyectar estos pensamientos en las personas que lo rodean. En lugar de asumir la responsabilidad, es más fácil culpar a los demás. Este patrón es muy común y conduce a peleas, discusiones y conflictos que pueden destruir las relaciones.

Señales de descubrimiento y aceptación de la sombra

Veamos seis señales que indican que está encontrando y aceptando su sombra.

1. **Las acciones de los demás ya no lo hacen reaccionar como antes:** cuando comienza a aceptar su sombra, el mundo se siente un lugar más seguro y justo. Ahora que ha aceptado su verdadero ser, lo que otras personas hacen ya no es un desencadenante. Estar molesto con la gente por sus acciones es solo un malentendido y no se trata realmente de quiénes son estas personas para usted.

2. **Ya no niega los hechos ni culpa a los demás:** esta es una señal clave de que está descubriendo y aceptando su sombra. Ya no niega su verdadero ser ni la enseñanza que transmiten esos pensamientos negativos. Se da cuenta de que no hay nada malo en usted y en su subconsciente. Esos pensamientos son solo una proyección de cómo se siente en el fondo. Deje de culparse a sí mismo y a los demás por sus luchas.

3. **Ya no se molesta ni se enoja con el lado oscuro de los demás:** se da cuenta de que todos los seres humanos tienen un lado bueno y un lado malo. Estos rasgos de carácter pueden surgir en diferentes momentos de la vida de una persona. Su personalidad actual es el resultado de sus experiencias anteriores. Todos hemos sido criados por padres defectuosos o en un entorno que no es perfecto.

4. **Ya no tiene miedo de que lo vean y escuchen:** al aceptar su sombra, obtiene el coraje para salir de la clandestinidad. Ya no teme a la luz porque se da cuenta de que *no puede hacerle daño*.

Después de todo, sus partes de luz y oscuridad conforman su ser y su personalidad. Es otro gran paso en el proceso de cura, ya que le permite hacer lo que siente sin vivir en una mentira.

5. **Ya no se siente solo o aislado:** es común que las personas con un lado oscuro no trabajado se sientan desconectadas de los demás porque tienen problemas para aceptar sus defectos y ser vistas en público. Sin embargo, una vez que lo trabajan y lo aceptan, ven que no hay nada malo en ellos y comienzan a disfrutar de la compañía de los demás nuevamente.

Efectos secundarios del trabajo de sombras

Empieza a darse cuenta de cómo se ha engañado a usted mismo.

Al abordar el trabajo de sombras, es probable que de repente note cómo su mente ha distorsionado la forma en que percibe el mundo y cómo se percibe a usted mismo. Descubrirá que algunas de sus percepciones son completamente irreales. También será más paciente con aquellas personas que aún no han conseguido ver su verdadera esencia.

Consejo: Al principio, puede ser bastante problemático ver que ha estado ciego tanto tiempo. La clave es ser amable con uno mismo. No se rebaje al autodesprecio o a la autocompasión.

Se da cuenta de lo mucho que ha luchado por controlar todo. Ya no necesita hacer eso.

Es posible que haya intentado reprimirse para no expresarse abiertamente o tal vez haya intentado controlar a los demás para crear su versión "ideal" de la vida. Cuando trabaje su sombra, comenzará a darse cuenta de la inutilidad de intentar que todo sea perfecto. Naturalmente, renunciará a su necesidad de estar todo el tiempo controlando todo, y será muy liberador.

Consejo: Al principio, dará mucho miedo. Esto se debe a que ha pasado toda su vida asegurándose de que no surjan imprevistos. Ha vivido siempre preparado para los escenarios más improbables. Comparemos esto con una montaña rusa. Ya está en el viaje. No puede bajarse hasta que termine. Debería cambiar esos gritos de terror por emociones positivas y fluir con el proceso.

Solemos desarrollar una especie de visión de túnel cuando se trata de nuestra creatividad.

Aceptar su sombra significa que podrá conectar fácilmente con su lado creativo sin distraerse. Podrá desarrollar la capacidad de unir diferentes conceptos. El problema es que algunas personas no saben basar su creatividad en el realismo porque es algo completamente nuevo y podría llevarlos a tomar decisiones perjudiciales, sobre todo en sus relaciones.

Consejo: Disfrute de su nueva creatividad, pero tómese un momento para absorber lo que realmente está sucediendo a su alrededor para no perderse las cosas importantes.

Puede parecer una persona fría y distante.

A medida que se involucre más en el trabajo de sombras, descubrirá que es más consciente de lo que otros eligen hacer y decir, y podrá ver la raíz de todos sus motivos. Su capacidad para ver el corazón de una persona "despreciable", como un asesino en serie, por ejemplo, lo llevará a tener una visión diferente de las cosas. No es que justifiquemos su comportamiento, pero es posible que pueda ver todo el trauma y las heridas del pasado que lo han llevado a convertirse en quien es. Algunos pueden pensar que está defendiendo al mal, pero no es así. Simplemente es más consciente de las motivaciones y más compasivo.

Consejo: Siempre esfuércese por la comprensión mutua en su comunicación con los demás. No debería tener problemas para conectarse con quienes le importan. Además, quienes lo conocen saben muy bien que usted no es una persona distante.

Ya no le interesan las formas convencionales de hacer las cosas.

El problema con nuestra cultura y lo que apreciamos dentro de la sociedad es que la sociedad también tiene sus sombras. La sociedad siempre clasifica todo en "bueno" o "malo". Es una realidad que cuando las personas tratan de ser buenas, sus sombras incluirán todo aquello considerado "malo". Aquellas personas conscientes de sus sombras ya no se permiten sentir vergüenza por sus comportamientos "incorrectos" y eligen perdonarse a sí mismas. Saben que estos deseos existen dentro de todos nosotros y no les importa si el mundo y sus tradiciones los consideran terribles. Tal vez, en el pasado, usted era un cristiano que realmente creía que ser rico era algo malo. Pero ahora se ha dado cuenta de que si bien su deseo de ser rico podría ser mal visto por algunos cristianos, a usted ya no le importan esas creencias. Ya no lo definen. Puede vivir su vida siendo auténtico.

Consejo: Trate de tener paciencia con los demás. No todos son conscientes de las restricciones inherentes a la tradición y la cultura, y algunas personas necesitan esas estructuras para tener sentido de propósito y estabilidad en sus vidas. No los juzgue.

Cosas que puede hacer para descubrir su sombra

1. **Mire hacia adentro:** encuentre un lugar tranquilo donde pueda sentarse solo y escuchar lo que dice su subconsciente. Si está asustado o nervioso, reconozca esos sentimientos y continúe escuchando lo que dice su interior.
2. **Enfréntese a las cosas que lo asustan:** sea cual sea su fantasma, es momento de dejar de correr y empezar a enfrentar sus miedos. Al hacer esto repetidamente, se dará cuenta de que no hay nada que temer porque todo dentro de usted es normal y correcto.
3. **Acéptese:** incluso con esas cosas que no le gustan de usted mismo.
4. **Deje de luchar contra usted mismo:** una vez que haya aceptado quién es, deje de luchar contra su lado oscuro. En otras palabras, renuncie a la idea de no ser negativo. Comience a ver los sentimientos negativos como una parte normal de su ser y su personalidad.

Cuestionario: ¿Ha descubierto y aceptado realmente su sombra?

1. ¿Ha aceptado a su verdadero yo?
2. ¿Puede aceptar los aspectos negativos de su personalidad viéndolos como una parte normal de su personalidad?
3. ¿Acepta a los demás como son, incluso cuando sus *acciones* le molestan o le duele?
4. ¿Le resulta más fácil procesar sus emociones negativas y no juzgar a los demás?
5. ¿Ha dejado de culpar a los demás por la ansiedad, la ira, el miedo, la tristeza, los problemas en las situaciones sociales, etc.?

Si respondió sí a tres de las cinco preguntas, significa que está progresando con su trabajo de sombras. ¡Siga trabajando!

Capítulo 3: El efecto espejo de la sombra

Los espejos son muy importantes dentro de la espiritualidad. Son herramientas para descubrir su esencia y saber *exactamente* qué es lo que necesita para sanar. Dentro de la psicología cognitiva, existen muchos estudios que usan espejos para trabajar la autoconciencia y la autoidentidad. No solo en términos de trabajar con un espejo real y ver lo que el mundo refleja para usted. Su experiencia del mundo es también es un reflejo de usted mismo. Es una verdad difícil de digerir, pero cuando lo piense, verá que es necesario que usted cambie primero si quiere que cambie el mundo que lo rodea.

Pensemos un poco más en el concepto de reflejo. El espejo devolverá exactamente lo que está usted observando. Ese reflejo no tiene ningún tipo de imperfección. Copiará sus expresiones exactas y puede afectarlo emocionalmente a nivel inconsciente. Por ejemplo, verse sonreír en el espejo naturalmente le transmitirá sentimientos de felicidad.

Trabajo con espejos

El efecto espejo le permite ver la verdad de su alma
https://www.pexels.com/photo/photo-of-man-looking-at-the-mirror-1134184/

El trabajo con espejos es algo simple que cambiará su vida y le ayudará a integrar todos los aspectos de su sombra, incluidas sus heridas. Esto le ayudará a aprender a amarse verdaderamente. Arraigada en las filosofías de Carl Jung, la técnica de trabajo con espejos fue creada por Louise Hay para enseñar a las personas a amarse a sí mismas. Se supone que le ayuda a cambiar la forma en que se relaciona con usted mismo para cambiar la forma en que se relaciona con los demás y con el mundo. Le enseñará a amarse y cuidarse por completo.

Si se mira en el espejo durante cinco minutos, manteniendo el contacto visual y siendo gentil, notará que surgen algunas emociones interesantes. Puede comenzar a sentirse incómodo o un poco avergonzado, e incluso puede comenzar a juzgarse y odiarse a sí mismo. La pregunta es: ¿por qué sucede esto?

Según Louise Hay, el espejo siempre mostrará lo que uno siente por sí mismo. Le permite saber por qué no se ama del todo y qué cosas le gustan de usted. También puede revelarle los pensamientos de los que debería deshacerse o que debería comenzar a implementar para sentirse más pleno. Andy Fox dijo: "En nuestro propio espejo, podemos ver la verdad del alma". No puede esconderse de la verdad. Llegará a un nivel de intimidad que puede hacerlo sentir incómodo si no aprende a silenciar a su crítico interior. Las ideas que ni siquiera sabía que tenía sobre usted mismo saldrán a la superficie, a la mente consciente.

Los beneficios del trabajo con espejos dentro del trabajo de sombras

Ambas cosas pueden ser muy incómodas al principio, pero al continuar con el proceso, encontrará la cura. Estos son algunos de los procesos más poderosos del ascenso espiritual. Para esto, no necesita gastar dinero ni aislarse de su vida. El trabajo con espejos es algo que puede incorporar fácilmente a su vida diaria. Solo necesita un espejo, una mente abierta y la capacidad de permanecer presente durante todo el proceso. Motivos para considerar el trabajo con espejos:

Es una forma de amor propio: aprenderá a amarse verdaderamente. Es un proceso que lo ayudará a reflexionar sobre su luz interior y abrazarla por completo. Puede ser bastante difícil cuando su autoimagen ha sido herida, pero no tendrá ningún problema en curarse con un proceso tan simple. Aprenderá a amar a la persona que está en el espejo al aceptarla con todas sus características. No es tarea fácil, ya que las heridas del pasado pueden dificultar que se acepte y se ame del todo.

Se verá obligado a enfrentar las partes de las que no está orgulloso: aprenderá a enfrentar y amar las partes de su pasado de las que no está orgulloso y a enfrentar quién es y qué es lo que lo hace ser quien es hoy. Admitirá sus errores, incluso aquellos de los que se arrepiente y que le hacen sentir horrible. Es parte del proceso de sanación. También puede elegir perdonarse porque el perdón es parte del proceso de cura.

Aprenderá a ser vulnerable: aceptará sus vulnerabilidades y las abrazará como una parte natural de estar vivo. Es otra forma de protegerse. No puede cambiar su pasado ni sus errores. Tendrá que trabajarlos para aprender a aceptarse.

Aprenderá a dejar de juzgar: una de las partes más poderosas del trabajo con espejos es que dejará de lado todos los juicios y críticas que tiene contra usted. Esto ayudará a abrir su mente y corazón para que sean más propenso a curarse. También aprenderá a amarse a usted mismo y a los demás. Cuando su mente esté libre de juicios, ya no se sentirá atrapado en una prisión de negatividad y dolor. En cambio, se sentirá como un libro abierto, listo para recibir toda la cura que necesita.

Aprenderá a aceptar a los demás: cuando su mente esté libre de juicios, podrá ver a los demás no como un reflejo de su propia sombra o por como lo están lastimando o molestando, sino por lo que realmente son y cómo se sienten sobre sí mismos. Comenzará a aceptar a los demás por sus dones y aprenderá a amarlos en sus propios términos. En lugar de seguir pensando cómo deberían ser las cosas o qué deberían hacer los demás, se amará a sí mismo y se preocupará por su propia vida.

Guía para el trabajo con espejos

1. **Comprométase:** cuando se trata del trabajo con espejos, primero debe tomar la decisión de hacerlo. Es una buena idea dedicar de dos a cinco minutos por día. Lo ideal serían diez minutos por sesión.

2. **Busque su mejor hora del día para hacer este trabajo:** no existe un horario mejor que otro. Algunos hacen su trabajo con espejos cuando se despiertan y otros antes de ir a la cama. Si quiere, puede hacerlo cada vez que pase por un espejo. Si no tiene acceso a un espejo, puede usar la opción de selfie de su teléfono. También va a necesitar algo de privacidad.

3. **Elija sus afirmaciones:** puede crear sus propias afirmaciones y trabajar con ellas. Las necesitará para contrarrestar los pensamientos negativos que surjan mientras se mira en el espejo. Estas palabras le ayudarán a reprogramar su mente para pensar mejor sobre usted mismo. Podría trabajar con muchas afirmaciones ya escritas, pero en mi experiencia, es mucho mejor permitir que fluyan espontáneamente en respuesta a lo que esté sintiendo. Por ejemplo, si nota una sensación de incomodidad al estar sentado frente al espejo, puede afirmarse: "Tengo un corazón y un alma encantadores" o "Me siento cómodo conmigo mismo y me acepto tal como soy". Al final de esta guía, encontrará algunas afirmaciones con las que puede trabajar.

4. **Repita su afirmación sintiendo cada palabra:** debe repetir cada afirmación al menos diez veces. Puede decirlas en su mente o en voz alta. No haga 100 repeticiones como algunos recomiendan, no queremos que esto se convierta en una tarea tediosa o llegar al punto en que las palabras pierdan significado y sentimiento. Asegúrese de reflexionar realmente sobre lo que cada palabra significa para usted, ya que esto hará la diferencia. Asegúrese de mirarse fijamente a los ojos al afirmar sus palabras. También puede usar su nombre. Eso llevará el mensaje más profundo y rápido a su mente inconsciente.

5. **Abrace las emociones que surjan:** en este proceso, sentirá todo tipo de emociones. Sea lo que sea que surja, permítase sentirlo. Está bien reír, llorar o reaccionar de cualquier manera que le parezca natural. Abrazarse es también una buena práctica. Puede sonar tonto, pero realmente lo sentirá. Algunas de las cosas que siente pueden venir de su infancia y pueden ser realmente intensas. Si eso sucede, debe estar preparado para abrazar a su niño interior herido. Use palabras tranquilizadoras. Hágale saber que está aquí para él, ámelo y entiéndalo.
6. **Sienta su corazón:** póngase la mano en el pecho durante el trabajo. Es posible que desee frotar esa área en forma de círculo o acariciar con suavidad o firmeza. Simplemente haga lo que sienta en ese momento. Si se siente demasiado abrumado, puede tomar un descanso y retomar el proceso más tarde. Lo más probable es que lo que surja en ese momento sea *exactamente* lo que necesite sentir y será lo correcto. No deje que sus emociones y pensamientos lo asusten. La mano sobre su corazón le ayudará a conectarse con su cuerpo y su verdadero ser y lo pondrá en contacto con la vibración del amor.
7. **Escriba lo que descubre:** para su trabajo de espejo necesitará un diario. Durante el proceso obtendrá una visión de su lado oscuro y aprenderá lo que debe hacer y cambiar para ser una persona completamente integrada. Al escribir sus ideas, tendrá material para reflexionar luego y saber cómo encarar una vida mejor. Su diario no necesita ser organizado, y no necesita escribir tanto sobre cada sesión. Solo anote lo que siente y las sensaciones que surgieron durante su sesión. No necesita hacer una entrada en su diario todos los días, pero vale la pena tener un espacio para sus nuevos conocimientos. Es una buena herramienta para ver lo lejos que ha llegado.

Descubra su sombra en acción

La realidad es que la sombra *no es algo fácil de encontrar*. Es esa parte de usted que está bien oculta, hasta el momento en que sabotea su vida y no tiene más remedio que hacer una pausa y comenzar a cuestionarse. Aquí hay algunas cosas que puede hacer para encontrar su sombra.

1. **Observe cuando juzga a las personas.** Cuando juzga a los demás, lo crea o no, en realidad se está juzgando a sí mismo. La razón es

que las cosas que le molestan de los demás son las mismas cosas que puede reconocer consciente o inconscientemente en usted. Sus juicios están arraigados en sus debilidades. Esa debilidad es lo que le enseñaron a suprimir de joven y durante toda su vida adulta, haciendo que se convierta en parte de su sombra. Otra cosa a tener en cuenta sobre el juicio es que solo juzgamos a aquellos que sentimos "inferiores" a nosotros y que podremos dominar. Sin embargo, nuestros juicios hablan más de nosotros y nuestras inseguridades que de los demás.

2. **Observe cuando proyecta sus problemas en otras personas.** La proyección de sombras es algo real. Nos metemos en un proceso para no lidiar con nuestros problemas. En lugar de controlarlos, parte del proceso de rechazo es que derivemos todas las emociones y pensamientos sobre nosotros mismos a otra persona. Cuando no le gusta una cierta cosa sobre usted, tiende a verla en los demás, esté allí realmente o no. Cuanto más proyecta sus problemas en los demás, más alimenta su sombra. Por ejemplo, podría considerar a alguien demasiado engreído y en realidad el arrogante es usted. ¿De qué otra manera sería capaz de reconocer ese atributo? Es por eso que aquellos que engañan a sus parejas o les mienten acusarán a sus seres queridos de hacer lo mismo. Las personas a las que no les gusta su cuerpo se suelen reírse de la apariencia de los demás.

3. **Preste atención a los gatillos.** Cuando algo le despierta una emoción intensa, deténgase y preste atención. Al volverse más introspectivo, es probable que vea que su sombra comienza a asomarse. Los gatillos suelen ser restos de algún evento traumático que podemos haber "olvidado" a través de la represión. Son su talón de Aquiles. Si se toma el tiempo de comprender sus gatillos, aprenderá más sobre su sombra.

4. **Observe su tendencia a lastimar a las personas cuando siente que no hay consecuencias.** Por ejemplo, supongamos que comienza a engañar a otros usuarios en línea. Usted es plenamente consciente de que no es lo correcto, pero lo hace de todos modos. ¿Por qué? Su sombra se da a conocer en momentos en que no hay consecuencias que enfrentar por sus acciones y palabras. No tiene miedo de mostrar los peor de usted porque, en lo que a usted respecta, "nadie lo sabría". Así que fíjese en cómo lidia con las cosas cuando no hay nadie alrededor. Incluso

si está a punto de hacer un acto de caridad, haga una pausa y piense si lo haría incluso sin nadie alrededor.

5. **Observe cómo trata a aquellos de los que está a cargo.** Por ejemplo, podría estar pasando un mal momento en casa, o su jefe podría haber llegado con un nuevo problema a la oficina. Tal vez piense que no hay nada que pueda hacer con su pareja o su jefe y decide eliminar sus frustraciones en las personas que usted tiene a cargo. Por ejemplo, podría tener arrebatos injustificados de ira en aquellos que usted lidera, incluso sus hijos. Incluso podría descargarse con cualquier extraño que se cruce en su camino.

6. **Preste atención a su tendencia a posicionarse como víctima.** Considere si vive poniéndose en posición de víctima, con esa actitud de "ay de mí", revolcándose en la autocompasión. Cuando llegan los problemas, en lugar de buscar su parte de responsabilidad, culpa a otras personas. La responsabilidad no es lo suyo. Además, es probable que tenga problemas para confiar en las personas. Se considera indefenso y débil, aunque, de alguna manera, ese es un mecanismo de control para lograr que otros hagan su voluntad por falsa obligación o culpa. No sabe poner límites, lo que sumado a su baja confianza, lo hace muy propenso a ser engañado. Tiene una actitud de "yo contra el mundo" y siempre está buscando pelea. Aquellos que continúan haciéndose las víctimas tienden a sentirse miserables por eso, lo que fomenta problemas como la depresión y la ansiedad. Si usted se identifica con estas descripciones, sepa que la victimización es una de las formas en que la sombra se presenta.

Capítulo 4: La sombra y la autenticidad

La autenticidad se trata de ser quien realmente somos. Vivimos en un mundo donde atreverse a ser uno mismo puede ser un motivo para ser "cancelado" y considerado no apto para formar parte de un grupo. En parte, podemos culpar a las redes sociales, donde todos quieren ser especiales y seguir a la manada sin pensar en la propia esencia. Las personas con opiniones diferentes están siendo silenciadas. Aquellos que no tienen suficiente coraje para mantener su punto de vista sienten la presión de concordar con las masas porque han visto lo que sucede cuando van en contra.

Como resultado, ya no se encuentran muchas personas auténticas. Muchos de nosotros suprimimos las verdades que sentimos que nuestra tribu no aceptará. Esto, por supuesto, hace que nuestra sombra se haga más fuerte. En el sentido real, la autenticidad es ser quien uno es, independientemente de si alguien está de su lado o no. Es atreverse a ser uno mismo, presentar sus verdades ante las amenazas de ser excomulgado de algún grupo o "cancelado" en Internet. Esto, por supuesto, no es nada fácil. Puede ser una lucha constante para no sentir la necesidad de curar las mejores partes de mí mismo. Luchamos con esto todos los días, algunos con más conciencia que otros.

La falta de autenticidad, la sombra y el crecimiento espiritual

Cuando no es fiel a su esencia, está reprimiendo los aspectos que considera indeseables y naturalmente fortalecerá su sombra. Es prácticamente imposible crecer personal y espiritualmente si no nos mantenemos fieles a nosotros mismos. Como dice Carl Jung, "Aquello que más necesitas se encuentra donde menos quieres buscar". Si últimamente se ha sentido atrapado en la rutina, quizás deba considerar qué tan auténtico ha sido este último tiempo.

Para crecer espiritualmente, va a tener que vivir de manera auténtica. Debe seguir los impulsos de su alma. Pero si cada vez que lo intenta permite que lo silencien, estará cada vez más lejos del crecimiento y la expansión espiritual.

Debe desarrollar el coraje para enfrentarse a sí mismo, a su sombra y a su comportamiento hipócrita. Cuanto más lo posponga, más daño se hará y más dañará sus relaciones y su vida. En este viaje interior de autodescubrimiento y autenticidad, muchas personas experimentan las profundidades de la desesperación. Es lo más natural. Recuerde que necesita esta oscuridad para ver la luz.

Tomar conciencia de nuestros patrones compulsivos (e iluminar aquellos que son inconscientes) ayudará a unificar ambas partes de nuestra psique. Hay muchas maneras de interpretar este proceso de crecimiento espiritual en la práctica, pero una cosa es segura: necesita enfrentar su sombra. Evitar ese enfrentamiento lo llevará a aislarse y estancarse.

Necesitamos crecer para poder conocernos a nosotros mismos, por eso es importante reconocer nuestros errores y aprender de ellos. A veces es todo lo que necesitamos para liberarnos de una perspectiva de autodesprecio. Debemos tomar conciencia de nuestro inconsciente, abrazarlo y saber que es una parte esencial de lo que somos.

Cuando se sienta atrapado, trate de llevar su sombra a la conciencia desde un espacio externo. Trata de no agregar juicios o críticas a ningún aspecto de sí mismo (o de los demás). Entienda que este sentimiento está arraigado dentro suyo y que es parte de la forma de lidiar con las cosas. No hay necesidad de culpar a nadie ni a nada. Simplemente observe cualquier pensamiento que surja y permanezca quieto.

La represión genera regresión

Una de las mejores maneras de identificar algo que está reprimiendo es buscar patrones y comportamientos que retengan estas partes de sí mismo. Es importante entender que cuanto más reprimimos, más fácil nos resulta hacerlo. Esto nos hace más susceptibles a catalogar a las personas como "malas" y obsesionarnos con ellas. A veces resulta fácil entender por qué las personas se sienten de esa manera cuando tienen una relación negativa con ciertos aspectos de su personalidad.

¿Cómo puede encontrar la paz interior si vive reprimiendo una parte de sí mismo? Espiritualmente hablando, no conseguirá avanzar. Reprimimos nuestra verdad porque el miedo nos mantiene encerrados en un ciclo de supresión continua de nuestra sombra. Cuando dejamos de correr y escondernos de estas partes de nosotros mismos y finalmente las abrazamos, comienza un largo camino hacia la confrontación de nuestros miedos. Esto puede traer grandes beneficios a aquellos que están abiertos al proceso.

La sombra no es solo algo que nos afecta o influye internamente, también afecta nuestra *realidad* externa. Podemos ver esto en algunas situaciones políticas donde las personas asumen las características de la persona que están desprestigiando.

Cuando reprimimos nuestra sombra, le damos poder sobre nosotros, haciéndole saber que no lucharemos y que nos dejaremos gobernar. En algunos casos, las personas guardarán rencor contra otros y dejarán que su estado emocional los controle.

Enfrentarse a su sombra es uno de los mayores desafíos que enfrentará. Necesitará mucho coraje. Acepte que la sombra se esconde dentro de los recovecos del inconsciente y que está compuesta en gran medida por impulsos instintivos reprimidos.

Póngase en guardia y luche por lo que quiere

Cuando no somos fieles a nosotros mismos, es fácil entrar en un ciclo de autodesprecio donde nos sentimos atrapados en nuestros cuerpos y mentes. A menudo nos juzgamos con dureza, y así también juzgamos a los demás. El primer paso es siempre observarse sin emitir juicios o críticas, simplemente observar.

Necesitamos observar estos patrones y comportamientos en nuestras vidas y ver cómo nos afectan. Permítase obtener la mayor cantidad de información sobre estas partes "oscuras" y luego suéltelas con amor. Así comienza el despertar espiritual y la autenticidad.

Algunas personas aprenden a ignorar u ocultar la sombra, mientras que otras la disimulan negativamente. Algunas personas se ven más afectadas por su sombra que otras, pero todos sufrimos por nuestro egoísmo. Es normal, es parte de ser humano, pero no es algo a lo que tengamos que resignarnos.

Para salir de esta existencia sombría y ser auténticos, debemos iluminar nuestros comportamientos inconscientes y compulsivos. Cuanto más luchemos, más fuerte se aferrará a nosotros. Cuanto más lo dejemos ir, menos efecto tendrá en nosotros. Aprenderá a aceptar que tiene un lado oscuro, al igual que todos los demás.

Una guía para identificar su verdadera esencia

Identificar su verdadera esencia es un proceso muy íntimo y requiere voluntad de explorarse a uno mismo. No se trata de ser perfecto, se trata de ser real y aprender a aceptar esa parte de usted que realmente no le gusta.

Cuando es joven, a menudo no tiene las herramientas necesarias para descubrir su sombra o conocer su verdadera esencia. Es importante mantenerse conectado con su niño interior. Su niño siempre está esperándolo, ya que entiende que nadie lo ama incondicionalmente como usted. Anhela la aceptación y la comprensión de sus cuidadores.

Es importante ser paciente a medida que avanza en este proceso. Cuanto más tiempo tome para reflexionar, más posibilidades tendrá de descubrir lo que le hace feliz.

Hay algunas cosas que lo ayudarán a identificar su verdadera esencia:

1. **Comience a hacer un inventario personal:** piense en qué momento se siente más honesto y auténtico. Tendrá que ser valiente y decirse la verdad. No quiere seguir reprimiéndose o escondiéndose detrás de una máscara, encarnando valores que no son fieles a lo que usted realmente es. Cuando tenga claro lo que le importa, será más fácil tomar decisiones. Pregúntese, ¿dónde se siente más vivo? ¿Con quién le gusta pasar tiempo? ¿Quién saca lo mejor de usted? ¿En qué tipo de actividades le gusta participar? ¿Qué aspectos de su vida le molestan o le restan alegría? ¿Qué es lo que considera tóxico y *sabe* que debe eliminar de su vida?

A partir de ahí, puede profundizar mucho más. Por ejemplo, cuando esté en una situación difícil, tómese un segundo para entender lo que está pasando. ¿Quién está con usted cuando se siente mal? ¿Cuáles son las emociones que le atraviesan, y cuál es el precio a pagar en estas situaciones? Haga lo mismo en aquellas situaciones en las que se sienta mejor y más auténtico. Esto le ayudará a ver lo que tiene que cambiar.

2. **Viva el presente:** entienda lo que está sucediendo *aquí y ahora*. Cuanta menos atención le dé al pasado, más atención podrá darle al futuro. Cuanto más se relaje y vaya con la corriente, más fácil será actuar de manera auténtica. No piense en cosas que ya quedaron en el pasado. Cuando algún evento le despierte una emoción o sentimiento específico, déjelo ser hasta que se extinga solo. Luego tómese unos minutos, o el tiempo que sea necesario, para averiguar cómo se siente con lo que está sucediendo y sobre cómo sus experiencias pasadas afectan sus sentimientos actuales.

3. **Créese un sistema de apoyo:** una de las cosas más importantes es crear vínculos que lo apoyen y lo motiven a ser su verdadero yo. Rodéese de personas que estén comprometidas con su éxito y le ayuden a seguir avanzando. Encuentre personas que entiendan sus luchas, dudas y miedos. Pueden ser útiles cuando las cosas se pongan difíciles. Si ellos también estén comprometidos con su crecimiento personal, tendrán la integridad de no aprovecharse de su vulnerabilidad. Tener un sistema de apoyo fuerte es una de las partes más importantes de la transformación personal porque ayuda a minimizar el estrés para concentrarse en el momento presente.

4. **Siempre diga la verdad con amor y convicción:** no tenga miedo de dar su opinión. Exprese lo que realmente quiere y diga cómo se siente. Será un gran desafío e incluso puede resultarle un problema si no lo hace desde un lugar de amor y cuidado por sí mismo. Mientras venga de su corazón, los demás respetarán esa verdad por ser auténtica y no estar diluida por compromiso o falta de convicción.

5. **No se estanque en lo que piensan los demás:** otra forma de dar lugar a su verdadera esencia es no tomarse de manera personal cuando los demás le hacen algo malo o le critican sus acciones. Lo que importa es cómo tratan a quienes aman y cómo se

preocupan por ellos. Si lo ve de esa manera, verá que sus acciones dependen de cómo se sienten acerca de sí mismos. Esos son *sus problemas*, no de usted. Esto no significa que deba tolerar comportamientos abusivos, pero puede evitar el sufrimiento.

6. **Trate de ser auténtico con otra persona:** experimente ser auténtico con otra persona o incluso con varias. Se sorprenderá de los resultados, siempre y cuando esté dispuesto a correr el riesgo y abrirse. A veces puede ser incómodo, pero será una gran experiencia de aprendizaje a medida que se acostumbre a ser auténtico con los demás. Sea completamente honesto acerca de sus deseos y necesidades, incluso cuando se sienta vulnerable. La única forma de obtener lo que quiere es dejar que todo fluya y aprender de sus errores y los errores de los demás. Es importante asumir la responsabilidad de lo que sucede en lugar de culpar a la persona que ama o la situación que le está causando estrés o tristeza.

7. **Sienta sus emociones tal cual son:** las emociones no son malas, y no tiene que negarlas o reprimirlas. Aprenda a entender las señales que su verdadera esencia le envía a través de estas emociones. A medida que aumente su conciencia y contacto con el momento presente, sentirá con certeza lo que es real y lo que no. Esto le ayudará a tomar mejores decisiones, ya que su verdadera esencia se hará cargo y lo guiará hacia una vida plena, honesta y verdadera.

Capítulo 5: La sombra y las relaciones

La sombra puede afectar sus relaciones
https://www.pexels.com/photo/photo-of-people-doing-fist-bump-3184430/

¿Qué son las relaciones? Son las conexiones que existen entre dos personas. Cuando las personas hablan de relaciones, suelen estar hablando de conexiones románticas, pero es básicamente la forma en que nos relacionamos con nosotros mismos y con quienes nos rodean. Incluyen los vínculos románticos, familia, amigos y compañeros de trabajo. Las relaciones se basan en una conexión, generalmente arraigada en las emociones. Mientras esté vivo, tendrá una relación con el mundo que lo rodea. Si esa relación es cálida o fría es otro asunto.

Su lado oscuro puede afectar todas las áreas de su vida, incluso sus relaciones. La forma en que se relaciona con los demás y cómo se siente con usted mismo está en correlación con su sombra. No es que los demás le estén haciendo sentir de cierta manera. Usted está proyectando características negativas sobre las personas para protegerse.

La sombra en el matrimonio

Una cosa divertida sobre el matrimonio es que las cosas que atraen a una pareja en primer lugar son las mismas cosas que resultan ser problemáticas más adelante. Lo que una vez fue atractivo se vuelve repulsivo. Por ejemplo, digamos que un hombre se sintió atraído por la calidez de una mujer y su capacidad para conectarse emocionalmente con las personas. Más adelante, puede ver esa calidez y deseo de conexión como algo molesto. Puede pensar que la mujer es superficial y poco genuina.

En el caso de la mujer, tal vez lo amara porque era una persona confiable cuyas reacciones podía predecir fácilmente y eso la hacía sentir segura. Más tarde, esas mismas cualidades pueden llegar a aburrirla. Puede considerar su previsibilidad como algo asfixiante. Resulta que las cosas que un día admiró son las mismas cosas que hoy detesta. Las mismas cualidades que ambos amaban ahora son reetiquetadas y motivos de odio. ¿Qué es lo que ha cambiado? Técnicamente, nada. Sin embargo, ambos comenzaron a dejar que sus sombras tomaran las riendas y distorsionaran la realidad. Esto puede ser un llamado de atención para integrar la oscuridad de los individuos o de la relación.

Cómo la sombra afecta sus relaciones

Si está invirtiendo en un vínculo de amor e intimidad, es importante ponerse en contacto con su lado oscuro. El comportamiento de la sombra hace que evite responsabilidades y culpe a otras personas por sus circunstancias. Cuando exhibe un comportamiento oscuro, está actuando en función de las necesidades ignoradas de su niño interior. Es lo que le hace querer aislarse y sentir rabia y depresión. Aquellos que no han abordado su ira y ansiedad ocultas tendrán que lidiar con su lado oscuro o enfrentar las consecuencias que afectan sus relaciones.

Su lado oscuro puede causar problemas en su relación haciéndole sentir todo el tiempo que necesita protegerse de aquellos que ama. Es por eso que entra en discusiones que no tienen sentido o que son difíciles de resolver. La represión de los aspectos indeseados de su lado oscuro puede llevarlo a actuar de maneras que no son fieles a lo que usted realmente es. Tiene una máscara sobre su alma y, de esta manera, no podrá crear relaciones auténticas basadas en el amor y la verdad. Cuando no somos auténticos, el impulso es huir de las personas sanas que nos aman porque pensamos que nuestras peores partes no merecen su amor.

Por ejemplo, si vive escondiendo las partes de usted que le avergüenzan, le resultará imposible relajarse. Siempre estará atento a algo que pueda exponerlo y hacerlo sentir vulnerable. Por lo tanto, lo evita y huye antes de que eso suceda. Cuando la gente quiere acercarse, evita las formas de intimidad. Es posible que ni siquiera vea los bloqueos que tiene. Ahí está su sombra. Ese es el motivo por el que le resulta tan difícil mantener relaciones y sigue huyendo de las personas que quieren algo profundo con usted, ya sean amigos, familiares o vínculos románticos.

Atrapadas en la sombra están las emociones de culpa y vergüenza. Hay que tener en cuenta que, cuando se trata de relaciones, no existe una sola sombra, *sino dos*. Si ninguna de las partes es consciente de su lado oscuro, puede ser destructivo y problemático. No importa la relación en cuestión, es importante que todas las partes hagan el trabajo de descubrir sus sombras y trabajarlas. Si usted es soltero y está pensando en entablar una relación, sería mejor sentarse a trabajar en sus problemas de sombra antes de conectarse con otros. De lo contrario, las posibilidades de acabar en un vínculo tóxico son bastante altas.

La clave para sanar relaciones

Entender su sombra es el primer paso importante para cultivar mejores relaciones. ¿Qué significa conocer los rasgos ocultos de uno mismo? Se trata de observar las reacciones y reconocer aquellas que no vienen de un lugar de amor, sino de un lugar más oscuro. También es bueno darse cuenta cuando su pareja actúa desde su propia sombra. Cuando se familiarice con su sombra, notará que ya no reacciona por impulso, y que sus acciones están arraigadas en la compasión. Notará que usted y su pareja son seres humanos merecedores de respeto y amor y no están simplemente destinados a cumplir los deseos egoístas del otro.

Ser amigable con su lado oscuro le permitirá vincularse de una manera más saludable. Simplemente debe llegar a un acuerdo con las emociones, impulsos y necesidades que ha escondido. Así, podrá entenderlos y reconocerlos cuando surjan. También podrá comunicárselo a su pareja, quien, tal vez pueda ayudarlo. Cuando se trata de lidiar con las sombras, es un esfuerzo de colaboración que requiere ser abierto y honesto. No hay lugar para argumentos sin sentido.

Estar en una relación con alguien puede ser algo bueno porque ambos pueden actuar como un espejo el uno para el otro. Lo importante es que ambos sean conscientes de la importancia de mirar sus sombras. Puede usar lo que aprende de su reflejo como una herramienta para sanar las partes que aún están heridas.

Trabajar las sombras en su relación es increíblemente saludable porque los hará compasivos el uno con el otro. Lo esencial es que ambos estén dispuestos y sean capaces de profundizar en su pasado y echar un vistazo crítico a sus miedos más profundos. Cuanto más dispuesto esté a enfrentar sus sombras, mejor será su relación porque podrá reconocer las sombras de otros y tolerarlas mucho mejor que antes. No pierda más tiempo culpando a la otra persona por los temores que aún no ha resuelto y por un pasado que ya no puede cambiar. En cambio, agradezca la oportunidad que le han dado al actuar como espejo. Así es como se desarrollan relaciones sanas y duraderas.

Guía para trabajar la sombra y mejorar las relaciones

1. **Encuentre la diferencia entre la sombra y el ego**: la sombra es lo que le hace ser quien es. También es lo que lo hace humano. El ego tiene que ver con el poder y el actuar de una manera autoconsistente, controladora y egoísta. Mientras el ego no se esté desmoronando por dentro, puede ser controlado, reprimido o puede mantenerse escondido. Pero si su sombra comienza a influir en su comportamiento y en sus decisiones, es hora de hacerse cargo de este asunto, para que usted y los demás puedan vivir una vida auténtica.

2. **Cuídese de adentro hacia afuera:** a medida que comienza a relacionarse con su sombra, necesita cuidarse. Se trata de su salud emocional y espiritual. No puede seguir postergando las

cosas o poniendo excusas por sus acciones y las de los demás. Asumir la responsabilidad, su lado oscuro y sus fortalezas y debilidades, le permitirá enfrentar lo que sucede dentro suyo y ser honesto sobre su situación actual.

3. **Entienda que nadie es perfecto**: el camino al crecimiento personal implica cometer errores y aprender de ellos. La sombra es esa parte no consciente cuando se trata de lo que quiere y necesita o cómo se siente acerca de los demás, las situaciones o incluso su propio comportamiento. Los demás también tienen su sombra, por lo que no siempre son tan honestas y abiertas como cree que deberían ser. Trabajar con la sombra puede mejorar sus relaciones hasta cierto punto. Tenga un poco de paciencia con su pareja, ellos tampoco son perfectos. Anímelos mientras resuelven sus problemas ocultos.

4. **Acepte que la vida no es justa**: las personas más cercanas a usted cometerán errores, se aprovecharán de los demás y dejarán que sus egos se interpongan cuando sea conveniente para ellos. Para tener una relación sana con los demás, es necesario aceptar esta realidad. La forma en que los demás responden y actúan tiene que ver con sus problemas y no con usted. Deje ir sus expectativas, no los culpe ni se sienta víctima. Comience a enfocarse en sí mismo y en lo que puede aprender en el momento presente.

5. **Pare de intentar controlar a los demás:** no puede controlar el comportamiento de las personas. Es mejor centrarse en su comportamiento y cómo manejarlo en lugar de tratar que otros cambien. Cuanto más intente controlar a otra persona, peor será la relación entra ambos. Es más constructivo aprender a cambiar uno mismo que intentar culparlos por lo que hacen o no hacen.

6. **Póngase en contacto con su ira:** cuando las personas tienen un lado oscuro no trabajado, la ira reprimida de su infancia se acumula en su interior. Esto es peor si han sido abusados de alguna manera. O si han tenido problemas con la culpa y la vergüenza cuando eran niños. Ponerse en contacto con su ira significa entender de dónde viene esta emoción y abrazarla. Entenderla y usarla para aprender a ser más auténticos.

7. **Perdone:** cuando la ira se acumule, trate de perdonar a aquellos que lo han herido o traicionado. Es posible que deba dar este

paso antes de perdonarse a sí mismo y a los demás. El proceso de perdonar a otra persona requiere una gran cantidad de trabajo y, a menudo, son momentos incómodos. Una vez que perdone, sentirá una sensación de libertad que le permitirá vivir mejor su verdadera esencia.

8. **Establecer límites**: es una forma de mantener y conservar su integridad y ser honesto sobre lo que necesita o no necesita en su vida. Esto también ayuda a que los demás lo entiendan y entiendan que no pueden manipularlo o utilizarlo. Supongamos que no establece límites desde el principio. En ese caso, las personas continuarán aprovechando su poder sobre usted hasta que se vuelva inmanejable.

9. **Acepte que no es perfecto:** el mayor error que cometen muchas personas cuando trabajan en su crecimiento personal es que se apegan demasiado a la perfección. Si no lo logran, se sienten como un fracaso. La perfección es una expectativa poco realista. Necesita aceptar esto como parte de lo que usted es para que no vivir intentando estar a la altura de una versión idealizada.

10. **Trabaje para convertirse en quien es:** aprenda a abrazar su lado oscuro de manera que se sienta bien para usted. Si le gusta complacer a la gente todo el tiempo y descubre que sus miedos y ansiedades lo limitan, necesita trabajar este aspecto en lugar de negarlo. Cuanto más trabaje en su lado oscuro, más honesto y auténtico será. También se sentirá menos víctima de las circunstancias o de los comportamientos y acciones de los demás.

11. **Aprenda de sus errores:** acepte que no es perfecto y que hay una razón para las cosas que han sucedido en su vida. Si no aprende de sus errores, es probable que estos se repitan. Es necesario tomar medidas y seguir adelante con positividad.

Capítulo 6: La sombra y la sociedad

Empecemos hablando del concepto de sociedad. Según el diccionario, *sociedad* es un grupo de personas que viven en un lugar en particular y comparten ciertas creencias o costumbres. La sociedad es una forma de vida colectiva que ha surgido de nuestra necesidad de cooperar y coexistir con otras personas para sobrevivir. Pero, ¿qué pasa con el lado oscuro?

El trabajo de psicólogos y filósofos como Sigmund Freud estableció que la psique humana se puede dividir en tres partes: el ego de una persona (o mente consciente), el lado más oscuro de un individuo (a menudo llamado "sombra" o "ello") donde las emociones reprimidas se guardan y donde habitan los deseos, y finalmente, el superyó de la persona (su guía moral). Entonces, ¿cómo interactúa la sociedad con estas personalidades divididas? Lo hace a través de la cultura.

La cultura son las creencias y comportamientos cotidianos que se transmiten de generación en generación. Como puede imaginar, la cultura también influye en estas tres personalidades, ya que establece pautas para comportamientos y pensamientos aceptables.

Entonces, ¿cómo se desarrolla esto en nuestra vida cotidiana? Por ejemplo, imaginemos una situación en la que una persona comete un error que pone a todo el grupo en peligro, por lo que se les pide que se disculpen por su comportamiento. El individuo comenzará a reflexionar sobre sus acciones y creerá que hizo algo malo y debe ser perdonado.

Aunque la persona se sienta culpable por haber cometido un error, no le impedirá cometer errores similares en el futuro. Entonces, ¿qué es lo que realmente sucede aquí?

La respuesta es simple: la persona se integró a la sociedad. La cultura alienta a las personas a comportarse de cierta manera y tener pensamientos específicos. Todos esperan una disculpa después de que alguien cometa un error. En este ejemplo en particular, podría ser una persona nueva en el grupo, un miembro que no está en sintonía o su jefe. Cualquiera sea el caso, usarán los "estándares" de la sociedad para guiarse en su comportamiento.

Es posible que vea ejemplos de este tipo todo el tiempo. Sin embargo, la disculpa no dice nada sobre su proceso de pensamiento. No nos damos cuenta de que cuando nos disculpamos con nuestros vecinos y familiares, estas palabras están trabajando en nuestro ego al sembrar culpa en nuestra psique.

Pero, ¿por qué debemos ser responsables de nuestras acciones en este sentido? Ese es uno de los temas que a menudo se trabajan con el lado oscuro. La sociedad le dirá que compense por sus errores, pero su lado oscuro no le creerá porque estas transgresiones son su culpa y no de usted.

Este es uno de los principales problemas con la sombra, ya que, si continúa cometiendo errores, la sociedad se cansará y eventualmente reforzará la creencia de la sombra de que usted no vale nada. Entonces, ¿qué sucede si tratamos de acercarnos a la sociedad, pero aún tenemos nuestras partes rechazadas escondidas? La respuesta está dentro de nosotros y se puede encontrar buscando un equilibrio entre el yo, el ello y el superyó.

El lado oscuro y la infancia

Uno de los aspectos más interesantes de nuestro lado oscuro es que se compone de rasgos inconscientes que ni pensamos hasta cierto punto de la vida, cuando comienzan a salir a la superficie. En otras palabras, nuestro lado oscuro es el resultado de lo que fue aprendido y modelado por nuestros padres, tutores, compañeros y otros miembros de la sociedad con los que interactuamos durante la infancia.

Cada rasgo existe porque nació durante nuestros años de formación cuando éramos demasiado jóvenes para darnos cuenta de lo que estaba sucediendo. Si aún no está convencido, repasemos juntos algunos ejemplos.

Muchos niños creen que no son miembros importantes de la sociedad y sienten que no tienen amigos o familiares a los que acudir en momentos de necesidad. Los niños que han vivido con uno solo de sus padres o que han tenido una figura ausente a menudo luchan con la sensación de que no están recibiendo suficiente atención o amor. Algunos niños crecen creyendo que no son lo suficientemente importantes como para tener algo especial porque sus padres no les dieron lo que querían o necesitaban.

Si bien es fácil ver cómo estos ejemplos podrían convertirse en pensamientos destructivos, también es posible que fortalezcan el ego. Sin embargo, es la combinación de nuestro proceso de crecimiento y nuestro modelo a alcanzar lo que determina qué rasgos de personalidad se convertirán en parte de nuestra psique. Volviendo a nuestro ejemplo de antes del individuo que pide perdón por cometer un error.

Si esta persona tuvo éxito en su desarrollo y tuvo una buena formación, aceptará el error, aprenderá de él y seguirá adelante. Sin embargo, si esta persona pasó por algún momento difícil en su infancia, su respuesta sería diferente porque probablemente sentiría que no merece ascender en la sociedad. Esto le impedirá ver la situación como una manera de aprendizaje, y lo considerarán señal de que algo anda mal con ellos mismos.

Aunque algunas personas tienen lo que se llama una personalidad "invisible" u "oscura", se puede distinguir fácilmente cuando una persona no puede diferenciar entre el bien y el mal. Esto se debe a que el ego generalmente recurre al superyó para determinar qué comportamiento es aceptable. Si no puede determinar esto por sí solo, se sentirá confundido y no tendrá idea de lo que está haciendo.

Es por eso que hay una amplia gama de comportamientos en estas personalidades. Algunos violarán las reglas sociales y serán lo que otros consideran inmoral, mientras ellos que sus acciones están justificadas. Las personas con estas personalidades no tienen una brújula moral que pueda hacer que tomen decisiones basadas en sus impulsos. Esto los hace parecer irracionales e impredecibles, pero las apariencias pueden ser engañosas porque, la mayoría de las veces, estas elecciones se hacen por miedo.

Hay diferentes maneras de interpretar lo que es el lado oscuro, pero hay una cosa que no se puede negar: que existe dentro de nosotros. Lo único que necesita es tiempo para convertirse en personalidad. Sin embargo, la mayoría de nosotros nunca llegamos a ver nuestras sombras porque están ocultas bajo capas de negación, tristeza e ira.

Nunca las integraremos ni llegaremos a ser completos porque estos rasgos permanecerán aislados e inaceptables en un mundo donde nuestras acciones determinan nuestro valor. Esta es la razón por la que muchos viven sus vidas sin llegar a conocerse a sí mismos, y también es una gran razón por la que algunos luchamos contra trastornos depresivos.

Esto no significa que deba ponerse a la defensiva cuando conozca su lado oscuro porque solo empeorará las cosas. Debe ser objetivo y ver su comportamiento desde una perspectiva externa para ver si algún rasgo puede ser catalogado como inaceptable. Recuerde, este proceso nunca debe usarse como un medio de autoflagelación. Debe usarse para comprender mejor quiénes somos como seres humanos.

Cómo reintegrarse con el lado oscuro y la sociedad

Cuando se trata de la autointegración, primero tendrá que mirarse y asegurarse de que no está evadiendo el problema. Para que este proceso funcione, necesitará aceptar su lado oscuro. Sin embargo, para que esto sea efectivo, hay algunas cosas que necesita saber sobre su lado oscuro.

Lo primero es que tiene una mente propia y actuará independientemente de lo que queramos o digamos. Lo segundo es que solo será un ser completo cuando acepte todas sus partes, incluidas las que odia. Aquellos que se odian a sí mismos evitarán cualquier cosa que los haga sentir negativos y a menudo seguirán su vida sin conocer sus verdaderos pensamientos y sentimientos.

Por lo tanto, no pueden saber lo que significa estar completos porque han abandonado su lado oscuro para protegerse del dolor. Analicemos algunas formas en que puede ayudar a su lado oscuro a convertirse en parte de su identidad personal para encontrar su lugar en la sociedad de manera más saludable.

Reconozca sus rasgos ocultos. Los demás tienen las pistas que busca: la mayoría de las personas con un lado oscuro no trabajado no se conocen hasta surgir una situación específica. Cuando reconozca sus rasgos ocultos, será una experiencia iluminadora para usted. La próxima vez que conozca a alguien, preste atención a lo que dice sobre sí mismo y sus pensamientos. Si escucha algo que no parece encajar con lo que cree que son, entonces hay una posibilidad de que parte de su lado oscuro se esté haciendo presente. Tómese el tiempo de escuchar lo que dicen porque podría ser una pista sobre los rasgos que componen el lado oscuro dentro de *usted mismo*.

Cambie sus creencias: si quiere descubrir más sobre sí mismo, debe dar lugar a ciertas cosas. Para empezar, deberá comenzar de cero y analizar detenidamente sus creencias. Deberá dejar de lado cualquier comportamiento crítico y abrirse a las cosas que suceden a su alrededor. La próxima vez que la sociedad lo juzgue y despierte emociones negativas en su lado oscuro, él encontrará una salida. Finalmente, cuando aprenda a aceptar y a cambiar sus creencias para que coincidan con lo que es como persona, nadie podrá decidir mejor que usted cuál es el tipo de vida a llevar.

Empiece a ser la persona que quiere ser: acepte su lado oscuro antes de que él decida sabotearlo. Hay ciertas cosas que usted puede hacer para que su lado oscuro sepa que usted está listo para esta integración. Para empezar, debe eliminar cualquier temor y asegurarse de que no dudará en hacer lo que sea necesario. Comience a trabajar para convertirse en quien quiere ser y deje de pensar en el juicio de los demás.

Ninguna personalidad puede reducirse a una de las tres categorías que mencionamos anteriormente. Revelar nuestra sombra no suele ser una experiencia agradable, nadie quiere enfrentar aquellas cosas que nos hacen sentir que somos "menos". Sin embargo, cuando aprenda a observarse objetivamente, descubrirá que ya no tiene que esconderse para volver a estar completo.

La sombra y el autosabotaje

No debe tener miedo a su lado oscuro, es una parte de nosotros que todos poseemos. Lo único que debemos temer es el autosabotaje que toma lugar cuando descuidamos nuestra oscuridad y nos negamos a reconocer su existencia. En ese momento, los rasgos negativos de nuestro lado oscuro serán aislados y olvidados para siempre. Quienes dar poder a los aspectos negativos de su personalidad sufrirán de depresión, ansiedad, autolesiones y sentimientos de desesperanza, entre otros. Aunque puede ser difícil enfrentar lo que somos, es mucho más doloroso vivir una vida donde sus rasgos negativos se descontrolan.

Todos en algún momento encontrarán su lado oscuro, y la única forma de saber cómo reaccionar es conociendo su propia oscuridad. ¿Cómo lo autosabotea su sombra?

La sombra le hará sentir indigno de lo que quiere en la vida: esto puede conducir a la depresión y, si no se controla, eventualmente conducirá a comportamientos autodestructivos. La sombra le hace sentir baja autoestima y que nada es suficiente. Su lado oscuro le hará creer que es incapaz de lograr lo que desea. Esto descontrolará sus rasgos negativos y los dejará sin una guía adecuada.

Se involucrará en relaciones poco saludables: cuando no es consciente de los rasgos negativos que componen su lado oscuro, se vinculará con personas que lo hacen sentir mal consigo mismo. Todos estos sentimientos negativos se alojarán en su lado oscuro, reforzando el dominio de su sombra sobre su vida.

Su sombra saboteará su felicidad: cuando estamos descontentos con nuestras partes, la sombra nos hace creer que la única manera de sentirnos mejor es hacer que otros se sientan mal consigo mismos o hacer algo para dañarlos. Nos motivará a dañar o menospreciar a las personas que amamos para sentirnos mejor con nosotros mismos. Es una reacción terrible de su sombra porque no lo ayuda a alcanzar su máximo potencial.

Saboteará su relación con los demás: nuestra sombra puede llevarnos a sentir resentimiento y enojo. Cuando se enoja, a menudo toma decisiones que lastiman a los demás y les hace cuestionar su valía. A veces, esas ofensas que su sombra percibe ni siquiera son reales, y las personas ni son conscientes de haberlo ofendido.

Puede sabotear sus finanzas: cuando lucha por equilibrar sus finanzas y asegurar su futuro, a menudo es porque la sombra está tratando de sabotear su vida. Cuando nos recuerdan constantemente nuestras deficiencias, solemos tener miedo de que nadie nos quiera y de que no valoren nuestros talentos y habilidades como nos gustaría. Nos desesperamos con nuestras perspectivas de empleo o gastamos dinero en compras innecesarias, lo que solo agrava nuestros problemas.

Su lado oscuro puede causarle problemas de salud: ignorar su sombra puede causar estragos en su salud física, mental y espiritual. Puede manifestarse como un problema de salud crónico y agravarse al llevarlo a tomar decisiones que solo empeorarán sus problemas de salud.

Podría incluso suponer que está haciendo lo necesario para controlar su enfermedad, pero no se dará cuenta de que las opciones solo mantendrán la dolencia durante mucho tiempo.

La sombra le hará creer que no merece las cosas que tiene: cuando las cosas vayan bien, su lado oscuro encontrará formas de convencerlo de que no merece las cosas buenas que está viviendo. Podría ser desastroso si decide escuchar esa voz. Usted podría rechazar ofertas que en realidad son buenas para usted. Es su sombra aferrándose a cualquier excusa para mantenerlo alejado de lo que quiere.

Por ejemplo, mañana podría tener una reunión que le cambie la vida y estar muy entusiasmado, y por alguna razón, decide tomar un pote de helado sabiendo que es intolerante a la lactosa. Pero piensa: "¡Oh, es solo esta vez, estoy celebrando! Me merezco esto". Al otro día, el dolor de estómago no lo dejará levantarse de la cama. Esta es solo una de las formas en que la sombra puede sabotearlo.

Trabajo de sombras, sabotaje y sociedad

En la sección anterior, puede ver que una persona con una sombra no integrada puede tener dificultades en encontrar su lugar en la sociedad, ya que la sombra continúa frustrando sus esfuerzos. Ya sea que esté a punto de consolidar su lugar en el mundo con un nuevo trabajo, un nuevo proyecto o conjunto de relaciones que serían increíbles para usted, es posible que le resulte realmente difícil hacer todo esto si no ha reconocido su sombra y trabajado con ella.

Es incluso posible parecer "integrado" a nivel superficial y aun así luchar por falta de autoestima. Podría "pertenecer" y, sin embargo, sentir que realmente no pertenece. Eso es normal. Es su sombra la que lo convence de su falta de valor. Si crees que no necesita hacer su trabajo de sombras porque la sociedad lo acepta, está muy equivocado. El hecho de que la sociedad lo acepte significa que se ha ajustado a sus estándares y que ha suprimido ciertos aspectos de sí mismo con los que la sociedad no estaría de acuerdo. Sin embargo, no puede ocultar esas partes para siempre. Estarán allí, en la sombra.

Hacer su trabajo de sombras lo ayudará a encontrar su lugar en la sociedad sin sentirse agobiado. Pertenecer es importante, pero no debe perderse a sí mismo en el proceso, porque si lo hace, su sombra hablará más alto y no será agradable. El trabajo de sombras es vital para sentirse una persona auténtica, fiel a los valores que aprecia como individuo, y comprender también su valor en la sociedad.

Una guía para llevar su sombra a la superficie

Sepa que la sombra siempre está con usted: su sombra siempre está con usted y constantemente lo respalda. No puede verla porque la luz es tan intensa que lo encandila. Puede parecer que la luz y la oscuridad son cosas opuestas, pero no es así. Coexisten en perfecta armonía y equilibrio. Recuerde siempre eso y será suficiente para ayudarlo en el proceso.

Escriba un diario con detalles y reflexione sobre sus sentimientos al final del día: cuanto más reflexione sobre lo que siente cuando se despierta y vea cómo esos sentimientos cambian a lo largo del día, más comenzará a comprender de dónde proviene la vibración de la sombra. Cuando es consciente de que su sombra siempre está ahí, tomando decisiones por usted, es más fácil reconocerla y sacarla a la luz. No saldrá por sí sola.

Escuche la voz y abrace su propósito: cuando se sienta indigno no rechace la voz de la sombra, escuche su intención y recíbala. Pídale que le muestre cosas de las que es digno. La respuesta lo sorprenderá.

Pida que su luz rodee y sane a la sombra: a medida que aprende a trabajar con su sombra y llevarla a la luz, debe llamar a su ser superior y a otros maestros espirituales para ayudar a sanarla. Si no cree en nada, puede meditar. Su sombra necesitará amor y compasión, eso despertará su vibración de luz. Todas las sombras son dignas de cura, al igual que todas las emociones son dignas de amor y compasión. No importa lo que su sombra haga o diga, retribuya siempre con amor para elevar su vibración y alinearla con usted.

Capítulo 7: Ejercicios para el trabajo de sombras

El trabajo de sombras es la exploración de su lado oscuro, una parte de sí que no es fácil de detectar. Puede hacer el trabajo de sombras por su cuenta o con un terapeuta. Algunas personas también recurren a los psicodélicos, pero esa temática no entra dentro de este libro. Teniendo en cuenta todo lo que ya sabe sobre la sombra, debe estar muy contento de saber que puede ser cada día más consciente de ella. Ahora sabe que puede evitar que lo sabotee y que puede ayudarte a profundizar en las cosas buenas que se escondes dentro de ella, como talentos que tal vez desconozca.

Trabajar con las sombras es tener consciencia sobre los diferentes aspectos de nosotros mismos y las partes desterradas con las que estamos tratando de reconciliarnos. Cuando elija explorar su sombra, encontrará muchas respuestas a todas esas preguntas que se ha hecho durante años sobre su comportamiento y sobre por qué, a pesar de todos sus intentos, no ha podido cambiar o sostener el cambio. A medida que trabaje con su sombra, desarrollará una relación más fuerte y profunda con su verdadera esencia y su alma, y se convertirá en una versión más completa, grandiosa e ideal de sí mismo.

Lo que debe saber sobre el trabajo de sombras

Necesita saber que el trabajo de sombras no es un proceso rápido y sencillo. Tendrá que dedicarle tiempo y esfuerzo para identificar sus emociones, ya que puede tener el hábito de ignorarlas. Debe prestar atención a la forma en que reacciona a las cosas. Esto puede ser algo difícil. Cuanto más haga el trabajo, más rápido lo dominará.

Si usted es nuevo en esta práctica, le recomendamos tener un diario o un libro de registro para anotar los momentos y situaciones en las que reacciona con emociones intensas o tomar nota de los diferentes gatillos. ¿Recuerda alguna vez en que su respiración se haya vuelto superficial, su cabeza se sintiera caliente y pesada, o sintiera como un puñetazo en el estómago? Esas son las emociones a las que debe prestar atención. Piense si alguna vez sufrió de picazón o sudoración repentina. Anote todo, incluso lo que está pasando en ese momento. Necesita prestar atención a esas emociones fuertes porque básicamente son su sombra revelándose. Cuando empiece a reconocer esas emociones, comenzará a reconocer también los patrones por detrás.

Durante el proceso, notará todas las capas que lo componen. Haga una pausa y considere los momentos en que alguna emoción haya nacido dentro de usted y prácticamente lo haya tomado por completo, al punto de preguntarse por qué está reaccionando así. Es un aspecto suyo que ha estado atrapado y ya no quiere ser silenciado. Es mejor tomarse un momento y pensar en lo que esto significa. Enfréntese a sus demonios.

Observe que, en un primer momento, solemos hacer juicios rápidos y sacar conclusiones apresuradas. Sin embargo, cuanto más se juzga a sí mismo, más crecerá su sombra y menos completo se sentirá. Siéntese con sus emociones. Antes de comenzar con el trabajo de sombras, pregúntese:

1. ¿Quién es usted?
2. ¿Qué quiere?
3. ¿Qué necesita soltar para hacer realidad sus sueños?
4. ¿En quién debe convertirse para ser digno de esas cosas?
5. ¿Cómo le gustaría presentarse frente al mundo?

Estamos a punto de comenzar con los diversos ejercicios del trabajo de sombras. Tenga en cuenta que puede hacerlos a primera hora del día o a la noche antes de dormir. Si no puede hacerlo en esos momentos, puede hacerlo cuando tenga tiempo, pero lo importante es hacerlo todos los días. Necesitará unos quince minutos para cada ejercicio.

Diálogo de voces

Es posible que necesite: un diario y una grabadora de voz.

El diario lo ayudará con este método
https://www.pexels.com/photo/ball-point-pen-on-opened-notebook-606541/

Con este ejercicio, reconoce que su psique está dividida en dos aspectos básicos: los yo primarios y los yo rechazados. La última categoría se corresponde con la sombra y todas las cosas que ha considerado repulsivas e indeseables. Los aspectos primarios son esas partes que ha desarrollado para mantenerse seguro en la forma en que se presenta a los demás. La creación y amplificación de este aspecto lo llevará hasta sus partes negadas.

Supongamos que su yo principal es alguien que no alardea. Eso significa que su yo rechazado sabe presumir y lo disfruta. Así funcionaría el ejercicio del diálogo de voces:

1. Hará una entrevista a su yo primario, la parte de usted que no alardea. Para hacer esto, tiene que encarnar por completo a la persona que no alardea y describir cómo siente ese alardeo. Haga preguntas como, ¿cómo se siente alardear? ¿Qué piensa de la gente que anda alardeando? No reprima ninguna respuesta. ¿Cuánto hace que considera indeseable ese tipo de actitud? ¿Cuándo fue la primera vez que sintió ese rechazo? ¿Cuáles cree que son las consecuencias de alardear? Puede hacer todas las preguntas que le vengan en mente.

2. Al hacer estas preguntas, asegúrese de estar validando a su yo primario. Lo entiende y lo apoya porque es una parte válida que usted creó debido a que las personas no lo aprueban cuando habla de sus logros. Podría asignar entre diez y treinta minutos para esta parte. Después de estas preguntas, su parte suprimida podrá salir y jugar con más libertad. Luego, puede sentirse como un fanfarrón, y eso lo llevará a la conclusión de que, si bien puede haber suprimido esa parte suya, todavía está viva.
3. Entreviste a ese yo reprimido de la misma manera que entrevistó al yo primario. Asegúrese de validar ese aspecto y permitir que sea tal cual es. Reconozca que es parte de usted, y va a ser mucho más fácil estar en paz con el acto de presumir. Puede anotar sus respuestas en un diario o simplemente grabarlas en su teléfono para revisarlas más tarde.

Defendiendo su yo "bueno"

Necesitará: un diario para anotar sus observaciones.

Probablemente usted se considere una buena persona. La mayoría de nosotros somos iguales. Pero, a pesar de toda la bondad que demostramos, hay una "maldad" antagónica dentro de nosotros que la equilibra, a pesar de haber aprendido a reprimirla.

Por ejemplo, una persona puede considerarse muy meticulosa y organizada. Es algo bueno y nada de lo que avergonzarse, pero tampoco lo opuesto es algo malo.

1. Si usted se considera organizado, haga una pausa y pregúntese si realmente es así todo el tiempo.
2. Reconozca que hay momentos en los que no es tan bueno para organizarse, y estará todo bien. Cuanto más insista en que es organizado y eficiente, más reprime y rechaza la parte de usted que no lo es. Eso solo alimentará su sombra, dándole más poder para rebelarse y desafiarlo de la manera más inesperada e inconveniente posible. Tiene que estar dispuesto a abrazar esta parte de usted.
3. Haga una lista de todas las cosas que considere verdaderas, y revise esa lista para reconocer que existe indefectiblemente una contraparte dentro de usted.
4. Haga las paces con los otros aspectos y acéptelos sin juzgarlos.

Meditación para el trabajo de sombras

La meditación es una gran manera de aprender acerca de sus emociones y sus causas fundamentales. También es una herramienta para aceptarse. Solo necesita un lugar tranquilo donde no lo molesten durante diez o quince minutos.

1. Siéntese en una posición cómoda que pueda mantener con el pasar de los minutos, y preste atención a su respiración.
2. Si nota que su atención se ha disipado, simplemente vuelva a prestar atención a su respiración sin juzgarse.
3. Por cada vez que se distraiga, acéptelo y vuelva a poner su atención en la respiración.

Todas las personas que meditan se distraen, así que no se enoje cuando le suceda. Debe estar agradecido porque cuanto más se dé cuenta de que está distraído, mejor será esta práctica, ya que estará creando conciencia. Esta conciencia le servirá para ver a su sombra a punto de sabotearlo.

Creará un espacio mental entre sus palabras, acciones y los impulsos que las motivan para evaluar sus decisiones antes de tomarlas. Además, aprender a no hacer nada y permanecer en el aquí y ahora le enseñará cómo integrar los aspectos de sí mismo que no acepta en este momento.

Aprenderá a no juzgar y aceptar los pensamientos que fluyen en su mente mientras medita. Notará esos pensamientos, pero volverá a la respiración. No juzgue esos pensamientos, no los critique ni los analice. Simplemente déjelos fluir. Podrá reconocer su lado oscuro y, de una vez por todas, aceptarlo como es, sin juzgar. Cuando acepte su sombra, ya no colocará obstáculos en su camino hacia el éxito.

3-2-1

Es posible que necesite: un diario y una grabadora de voz.

Este es un método creado por Ken Wilber, y puede usarlo como una meditación o con un diario. Se llama "método 3-2-1" porque presenta tres pasos a seguir.

1. Enfrente el problema.
2. Hable sobre el tema.
3. Encárnelo.

¿Cómo funciona? Piense en algo que no va bien en su vida, como una relación conflictiva, y use eso para conseguir una visión que lo ayude a ser más racional en sus pensamientos y no dejarse abrumar por sus reacciones emocionales.

1. **Enfrente el problema:** el primer paso es averiguar en quién o en qué se va a centrar en este ejercicio. Por lo general, es bueno hacer este ejercicio pensando en alguien con quien se tiene una relación conflictiva, pero no es obligatorio que sea el caso. No es fácil compartir espacio con alguien que no soportas, sea por enojo, rencor o lujuria. O por sentirse inferior. Sin embargo, eso hará que este ejercicio valga la pena. Elija a alguien que le despierte emociones fuertes.

   Imagine la situación o la persona. Haga su mejor esfuerzo para recrearlo lo más fiel posible. Si se trata de una situación, haga todo lo posible para reproducirlo en su mente. Cuando representa con precisión a la persona o situación, debe centrarse en las emociones que le despiertan. Puede usar su diario o hablar en voz alta. Diríjase a ellos en tercera persona y cuéntele las cosas que ama u odia de ellos y por qué lo atrae o repele. No piense demasiado en lo que quiere decir o escribir en el diario. Simplemente sienta y ponga en palabras. No se censure. No se reprima. Deje que todo fluya. Nadie lo juzgará aquí. Use pronombres de tercera persona cuando haga esta parte del ejercicio.

2. **Hable sobre el tema:** es momento de encarar la situación o persona como si estuvieran en este momento frente a usted. Use el pronombre "tú". Puede escribir un diario o hablar. Para esta parte del ejercicio, puede hacer las siguientes preguntas, entre otras:

   - ¿Sabes que me haces sentir de esta manera?
   - ¿Por qué me tratas así?
   - ¿Qué es lo que quieres de mí?
   - ¿Qué es lo que quieres que aprenda?

   Con cada pregunta, haga una pausa y escuche. Va a obtener una respuesta. Puede decir la respuesta en voz alta si lo desea o simplemente anotar en su diario. Si se siente que debe hacer más preguntas, hágalas. Además, preste atención si la proyección que

ha creado tiene algo más que decir más allá de las respuestas ya dadas.
3. **Encárnelo:** esto no es nada cómodo, pero es un paso esencial. Los rasgos y problemas que ha estado evitando son quien usted es, y es hora de ponerse en sus zapatos. Necesita convertirse en quien ha estado enfrentando. Va a revisar las oraciones que hizo en el primer paso para describir a la persona o situación problemática sobre la que se ha proyectado su sombra. Esta vez, va a reemplazar los pronombres de tercera persona con los pronombres "yo" y "mi". Es posible que deba decir cosas "Soy molesto", "Estoy orgulloso" o "Tengo miedo". Es así como conecta sus aspectos conscientes e inconscientes para finalmente sentir equilibrio y paz dentro de usted. Tiene que reconocer que todo esto está dentro suyo.

Para ser claros, esto no significa que deba sentirse avergonzado. Puede aceptar que está molesto o enojado sin sentirse culpable o tener que bajar la cabeza. Se trata de aceptar esas verdades sobre usted siendo compasivo. Debe extender el mismo sentimiento de compasión a la situación o persona a la que se dirigió durante el ejercicio.

Afirmaciones para el trabajo de sombras con espejo

Necesitará: un diario y un espejo.

También puede trabajar con las afirmaciones y el espejo. A diferencia de las afirmaciones regulares, las afirmaciones para el trabajo de sombras no siempre serán felices ni agradables. Algunas están destinadas a bajarlo a tierra. Puede usar algunas de las afirmaciones siguientes para lidiar con su sombra de manera saludable. Asegúrese de mirarse a los ojos con amor y compasión usando un espejo, y sienta cada palabra y lo que significan para usted. Tenga en cuenta que, en una primera instancia, usted puede llegar a resistirse. Eventualmente, la verdad lo golpeará, y será un poco más sabio. Estas son posibles afirmaciones:

1. Nunca tendré la paternidad que me hubiera gustado de niño, y estoy en paz con eso.
2. Puedo aceptar que, si bien soy especial, no soy más especial que los demás.

3. No puedo reclamar sobre lo que sucedió en mi infancia, pero ahora he crecido y puedo hacerme cargo.
4. Lo que me hicieron me causó dolor, pero hicieron lo mejor que podían en ese momento.
5. He decidido perdonar porque me he dado cuenta de que ese es el camino hacia la paz.
6. Ahora acepto que todos somos capaces de construir y destruir, amar y odiar. Y es por eso que todos merecemos ser perdonados y recibir misericordia.
7. Puedo sentirme amargado, pero ahora acepto que no vale la pena y no me sirve.
8. He cometido errores, pero no estoy hecho solo de errores. Lo que importa es que elijo hacer las cosas de mejor manera.
9. Estoy en paz con el hecho de que he cometido y cometeré errores. También acepto que siempre puedo hacerlo mejor.
10. Hay quienes buscan el amor a través de formas egoístas e hirientes, y son quienes más necesitan amor.
11. Necesito ser aprobado y respetado por una sola persona: yo mismo.
12. Si estoy en una situación o relación tóxica, esa es mi elección. Soy libre de alejarme cuando lo sienta.
13. Cualquier relación o situación que me haga sentir agotado no vale mi energía y tiempo.
14. Las opiniones de los demás sobre mí no son de mi incumbencia.
15. Si bien se siente bien tener la aprobación de otras personas, su aprobación no significa nada realmente.
16. Estoy cómodo con todas mis imperfecciones
17. Tener un pasado terrible no justifica que yo tenga una actitud terrible. Debería impulsarme a ser mejor.
18. Siempre veo formas de mejorar, y estoy feliz de aprender todos los días.
19. No buscaré la validación bajo el pretexto de recibir una "devolución" u otros comentarios.
20. Yo soy el único responsable de mi felicidad.

Puede elegir una afirmación para trabajar cada día durante quince minutos, o puede trabajar con todas las afirmaciones juntas. Es su decisión.

Capítulo 8: Los altibajos del trabajo de sombras

Tal vez sea consciente de que tiene que trabajar ciertas cosas, pero se siente totalmente abrumado. Es mucho más fácil ignorarlo y esperar que desaparezca, pero deberá pagar el precio de no lidiar con sus sombras.

Cuando sienta que resuelve un problema, aparecerán otros tres. Cuando aprenda a ser más abierto y honesto acerca de sus debilidades, tendrá más oportunidades para amarse y aceptarse como un ser humano imperfecto. Entenderá su valor. Habrá muchos altibajos durante el trabajo de sombras, pero valdrá la pena.

Beneficios del trabajo de sombras

Deberá lidiar con su lado oscuro: mientras ignore sus sombras, continuará reforzándolas. Eso lo convierte en víctima de las circunstancias, y no significa que haya perdido el control siempre y cuando sea consciente. Aprender sobre sus sombras lo ayudará a liberar espacio en su mente y mantener todo más coherente. Pasará de ser una víctima a un participante activo que hace que las cosas sucedan de la manera que tiene que ser.

Ya no estará viviendo en la oscuridad: verá con claridad su posición con respecto a su vida. Usted será capaz de discernir sus valores y saber lo que es importante sin que su lado oscuro intente confundirlo. Esto le ayudará a tomar mejores decisiones sobre sus posturas, pero debe abrirse y quedar completamente vulnerable a lo que viene. El proceso de iluminar su sombra no es fácil ni agradable, pero si valora su salud mental, crecimiento espiritual y bienestar emocional, entonces hará el proceso.

Aprenderá a atraer amor y compasión a su vida: si ha estado recriminándose durante mucho tiempo, el trabajo de sombras le enseñará a amarse. Dejará de ser duro consigo mismo y comenzará a entender que lo que se recriminaba en realidad no era tan malo como parecía. Se dará cuenta de que no tiene más remedio que ver su lado oscuro como digno de amor y aceptación. Esto hará que atraigas el amor de quienes lo rodean.

Tendrá una mejor relación consigo mismo: cuando entienda los motivos de sentirse poco digno de ser amado, desarrollará la capacidad de abrazarlos para progresar. A medida que comience a ver su sombra como algo bueno, comenzará a hacer cambios realmente positivos. Ahí es cuando aprenderá a amarse y amar a los demás.

Podrá resolver los sentimientos de ira y hostilidad: cuando descubra por qué siente tanta ira, podrá sanar la fuente, proporcionar una forma de perdón y reparar los errores del pasado. No significa que sea fácil, pero si trabaja con una mente abierta, encontrará la cura.

Le será más fácil tomar decisiones: a medida que aprenda a ver una imagen más amplia de su vida, podrá tomar mejores decisiones. No correrá con fe ciega porque tendrá una idea mucho más clara de lo que es mejor para usted y su vida. Será más fácil confiar en sí mismo y seguir adelante con su vida.

Evitará los conflictos: cuando aprenda a trabajar con su sombra y comience a convertirse en una persona más espiritual, se encontrará rodeado de personas con el mismo propósito. A medida que aprenda a amarse después de tanto dolor, otros lo reconocerán y sentirán curiosidad por su cambio. Además, ya no será un imán para los problemas y el drama.

Desafíos del trabajo de sombras

Deberá estar dispuesto a enfrentar su oscuridad interior e iluminarla: no será fácil ni agradable, pero si cree firmemente en algo superior y en la voluntad de explorar su verdadero potencial, eventualmente obtendrá lo que necesita de este proceso. Su fe deberá ser lo suficientemente fuerte para llegar a la cima con el menor dolor posible.

Consejo: Ábrase y permítase ser vulnerable a todo lo que llegue. No significa que deba compartir su intimidad con todos, pero es posible que necesite a alguien que le ofrezca un espacio seguro para la reflexión. Si no tiene un consejero u otro profesional que lo apoye, busque a alguien que pueda brindarle el tipo de apoyo que necesita para superar este proceso desafiante.

Deberá estar dispuesto a cambiar sus formas: es necesario tener límites saludables. Si consigue soltar los patrones negativos que lo han estado persiguiendo durante años, será más fácil romperlos. Debe estar dispuesto a salir de su zona de confort. Una vez que vaya más allá de su pequeño mundo controlado, podrá abrazar la vida con todos sus altibajos y el proceso de abrazar su sombra será mucho más simple. Tendrá áreas de confort donde no cabe la realidad. Muchas personas luchan por cambiar la forma en que siempre se han comportado y los hábitos que han adquirido.

Consejo: Tenga en cuenta y acepte que esta es la parte más difícil de una buscar una nueva vida. Esté dispuesto a abrazar nuevas ideas, perspectivas o formas de vida.

Necesitará buscar dentro de sí mismo: la única manera de ver todo lo que está sucediendo con su sombra es desde adentro. Sus comportamientos y acciones generalmente tienen algo para enseñarle. Podría ser un comportamiento que desea cambiar o una forma de pensar que desea comprender mejor. Todos tenemos un lado oscuro. Dependiendo de cómo nos sintamos con nosotros mismos, puede llevarnos a un lado o a otro. Está bien tener miedo y buscar ayuda si la necesita. No tiene por qué hacer todo solo.

Consejo: Si las cosas son difíciles de aceptar, es hora de encararlas de frente y lidiar con ellas. No hay escapatoria.

Deberá estar dispuesto a enfrentar la verdad sobre sí mismo: las personas tienden a huir de la verdad porque las incomoda. Si está dispuesto a verse a través de sus propios ojos y aprender de aquello, verá las cosas con mayor claridad y podrá manejarlas de otra manera. Para que este proceso funcione, debe estar dispuesto a hacer todo lo necesario. Nadie mejor que usted conocerá su propia verdad. Debe estar dispuesto a enfrentar sus sentimientos sin ser tan duro consigo mismo, y eso puede tomar un poco de tiempo y paciencia. Algunas cosas no se pueden ocultar por mucho tiempo. Una vez que han sido liberadas, ya sabe lo que tiene que hacer al respecto.

Consejo: No hace falta amar esta parte de sí mismo, pero sí debe aceptarla como es y trabajar con ella durante el transcurso de su vida.

Deberá ser paciente consigo mismo: al principio, será lo más difícil, y se cuestionará varias veces. Sin embargo, a medida que pase el tiempo y encare los desafíos, las cosas serán más fáciles. Es un paso a la vez. Siga caminando, las cosas se irán aclarando en el camino.

Consejo: avance con pasos lentos pero seguros y haga lo que le hace sentir bien. Cualquier hábito nuevo demanda tiempo para romper los patrones pasados. Esto dará lugar a nuevas oportunidades para el crecimiento y el cambio. Es un proceso a largo plazo, así que dese tiempo para evolucionar, crecer y convertirse en lo que quiere ser.

En algún momento tendrá que perdonarse: muchas personas, en su intento de cambio, son muy duros consigo mismos y no se dan cuenta de que el perdón es lo que les permite avanzar y convertirse en seres nuevos. Cuando se perdona, suelta también otras cosas. Deje de odiarse y véase desde otra perspectiva. Por más difícil que sea, deje ir lo que lo ha lastimado y permítase vivir feliz y libre de los errores del pasado.

Consejo: el perdón no siempre es fácil, pero cuando nace desde adentro, le dará un profundo sentido de paz. Es importante aprender a perdonarse por cualquier error que lo haya perjudicado en el pasado.

Deberá confiar en el proceso: independientemente del tipo de proceso y del tiempo que tarde en llegar a su meta, es importante confiar. Sentir la máxima creencia y fe de que todo se resolverá. Quizás al principio no entienda el papel de algunas personas en su vida, pero con el tiempo verá todo con mayor claridad. No es una tarea fácil. La mayoría de las personas no tienen la paciencia suficiente y se dan por vencidos antes de tiempo. Tómese su tiempo. Confíe en que la vida le dará todo lo necesario en el momento adecuado.

Consejo: Si no confía en sí mismo, será difícil emprender este desafío sobre su lado oscuro. Tiene que confiar en sí mismo y en sus instintos para lograr cambios en su vida. Si escucha a los demás, solo retrasará su progreso, ya que ellos no saben lo que es mejor usted. Su ser superior sabe lo que es mejor para usted, así que deje que ella le indique el camino. Deje ir el miedo y reciba lo que la vida le presenta con los brazos abiertos y la voluntad de aprender sin importar cuán doloroso o aterrador pueda ser.

Como dice David Schoen en War of the Gods in Addiction: "Cuanto más aislados estamos y más inconscientes somos de nuestras sombras, más vulnerables somos a que esas sombras se rebelen y se alimenten de comportamientos adictivos". Así que, independientemente de las dificultades, recuerde que al final vale la pena.

Cómo manejar los altibajos del trabajo de sombras

1. **Encare sus miedos:** el mayor obstáculo que todos enfrentamos en este proceso con nuestra sombra es el miedo a lo que podría suceder si nos permitimos ver de dónde viene realmente. Nos mantenemos en la negación y pretendemos que no hay motivo para tener miedo porque todo lo que nos sucedió en el pasado es "terrible". La realidad es que lo que somos se ha constituido a partir de nuestras experiencias y es inevitable.

2. **Confíe en sus instintos:** una cosa que no es fácil de hacer cuando está tratando de iluminar su sombra es confiar en sus instintos y olvidar todo lo que le han enseñado sobre ser una buena persona. Nuestros padres y la sociedad en general nos han dicho que hay cosas que no podemos hacer y que podemos perjudicar a otros si no seguimos las reglas. Se nos enseña a poner un pie delante del otro mientras caminamos por la vida porque, con frecuencia, la vida no se acomoda a nuestras expectativas debido a nuestras "debilidades". Mientras ignoramos nuestras dudas, negamos el valor de lo que está dentro nuestro. No tenemos idea de lo importante que es explorarnos y aceptar nuestros dones, a pesar de que a veces no entendamos para qué son o por qué se revelaron en ese momento.

3. **Deje de intentar ser otro:** si quiere explorar su sombra y abrazar el cambio y el crecimiento, deje de querer ser alguien más. Sea usted mismo. Una vez que acepte a esa persona, comenzará a ver el mundo de otra manera. No puede controlar lo que sucede. Muchas cosas en la vida no están destinadas a suceder de acuerdo con el plan. Cuando permita que las cosas sucedan, se abrirán nuevas puertas que han estado cerradas durante años.

Capítulo 9: Iluminar su sombra

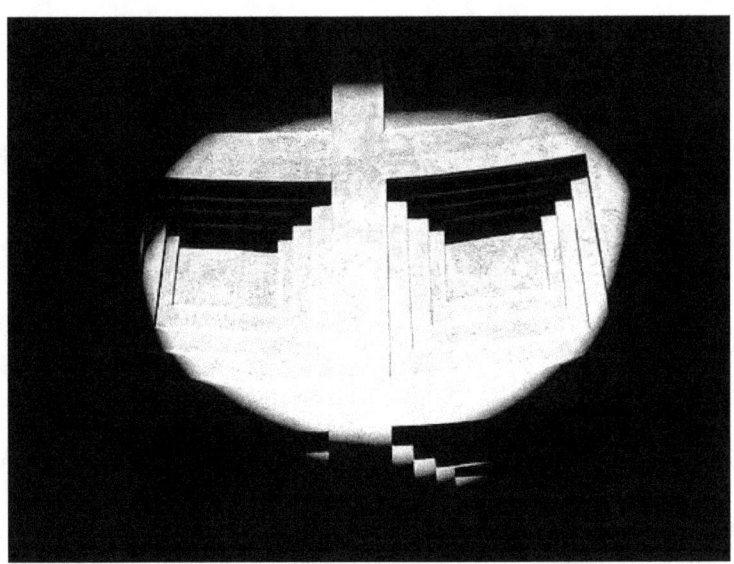

Integrar luz y sombra
Wittylama, CC BY-SA 4.0< https://creativecommons.org/licenses/by-sa/4.0 >, via Wikimedia Commons: https://commons.wikimedia.org/wiki/File:Shadows_on.jpg

Si la sombra es todo lo que hemos reprimido, entonces es lógico pensar que la luz es esa parte de nosotros que hemos aceptado. Si la sombra nos sabotea, entonces la luz es nuestra fuerza. Si la sombra se ha apoderado de nuestras vidas, la luz brilla para hacernos libres. Cuando comenzamos el proceso de aceptar nuestra sombra, el siguiente paso es sacarla a la luz, para comenzar a vivir en otro nivel. Si está dispuesto, puede recuperar su vida y experimentar todas las posibilidades.

No se equivoque al momento de observar a su sombra surgiendo en todos los aspectos de su vida. Estará horrorizado por lo que está sucediendo, pero, al mismo tiempo, se sentirá encantado de estar vivo. Se darás cuenta de que, si bien es posible que no tenga todas las respuestas, hay un poder dentro suyo que nunca había sido aprovechado.

A medida que esta fuerza emerge y cambia su vida, sentirá que una parte de usted ha despertado de un largo y profundo sueño. Comenzará a verse a sí mismo de otra manera, de una manera que nunca experimentó antes. Como si hubiera mucho más que aprender sobre ser feliz y vivir la vida al máximo. Si este es su camino, tómese su tiempo y haga las cosas bien. De lo contrario, no durará. Tiene que ser paciente, pero también lo suficientemente decidido como para atravesar los tiempos difíciles.

Drenaje vs. energía

Este es un ejercicio corto y agradable donde podrá descubrir lo que sus experiencias diarias le están haciendo a su psique. Debe hacer lo siguiente:

1. Tome un bolígrafo y un pedazo de papel.
2. Cree dos columnas.
3. A la primera columna escríbale "Drenaje" y a la segunda, "Energía".
4. Considere las interacciones de su vida diaria.
5. Cualquier interacción que lo drene irá a la primera columna.
6. Ponga las cosas que le dan energía en la segunda columna.
7. Piense cómo puede comenzar a reducir los ítems de la primera columna.
8. También puede completar las columnas con situaciones. No tienen por qué ser solo interacciones.

Hable en voz alta

Otra forma de traer su sombra a la luz es conversar con alguien de confianza. Deberían poder ayudarlo a no sentirse avergonzado y que le sea más fácil aceptarse.

1. Con lo que ha aprendido hasta aquí, identifique sus aspectos de sombra.
2. Hable sobre estos aspectos con un amigo de confianza o un terapeuta profesional.
3. Hable al respecto. Por ejemplo, podría reconocer que desea sentirse capaz, pero le han enseñado a confiar solo en los demás, incluso para las cosas más insignificantes.
4. Profundice en el impacto que esta creencia ha tenido en su vida.
5. Hable sobre las diferentes formas en que podría trabajar e integrar esos aspectos.

Tubo de luz arcoíris

Esta es una técnica poderosa para revelar su lado oscuro en sueños. Todo lo que ha suprimido probablemente aparezca así que asegúrese de estar listo para recibirlo. Cuando tenga esos sueños, haga una pausa para pensar que nada es tan terrible. Haga lo siguiente:

1. Siéntese en una silla cómoda o acuéstese en una colchoneta o en su cama.
2. Cierre los ojos y respire con intención, permitiendo que cada inhalación fluya hacia cada exhalación.
3. En el centro de su mente, imagine un arco iris. Que sea el más brillante que haya visto.
4. Visualice al arco iris encerrando su cuerpo en una especie de tubo. Observe cómo los colores brillan aún más que antes.
5. Sienta cómo los colores del arco iris lo atraviesan. Juegue con ellos como un niño.
6. Permanezca en este tubo durante cinco a diez minutos, o el mayor tiempo posible, luego vaya a la cama o termine la sesión.

Escriba una carta

Cada emoción es energía, buena o mala. Nadie en la Tierra puede evitar las *malas emociones* como preocupación, frustración, ira, ansiedad, miedo, etc. El problema es que, cuando la mayoría de las personas experimentan estas emociones, prefieren ocultarlas en vez de enfrentarlas. Porque nos han enseñado desde que éramos pequeños que ciertas emociones no deben expresarse, incluso si están justificadas. A estas alturas, usted ya es consciente de que esa energía no desaparece, *va directamente a su sombra*. El ejercicio de escribir una carta de amor a su sombra es una excelente manera de ponerse en contacto con ella y ofrecerle luz y cura. Haga lo siguiente:

1. **Elija un aspecto de sombra con el que lidiar:** tiene que decidir qué aspecto quiere iluminar. Podría ser su miedo a ser visto o su miedo a pasar necesidades. Tal vez pueda abordar su falta de confianza en sí mismo. O ese autosabotaje que le ha impedido alcanzar sus metas. Independientemente de lo que quiera abordar, asegúrese de ser específico. Por ejemplo, no puede simplemente abordar la emoción del miedo. Redúzcalo. Aborde su miedo a algo específico.

2. **Tome su papel:** en la parte superior, como si escribiera una carta informal, escriba: "Estimado [nombre del aspecto de sombra]". Asegúrese de sentir la emoción detrás de la palabra "estimado", ya que está intentando acercarse a su sombra desde el amor. Tenga cuidado en no ser sarcástico.

3. **Agradezca al aspecto de sombra**: la siguiente línea debe comenzar con "Gracias". Continue y agradezca a este aspecto de sombra por todo lo que usted entiende. Él ha sido creado para mantenerle a salvo o guiarlo. Por ejemplo, si está lidiando con el miedo a la muerte, puede agradecerle por mantenerlo protegido. No hay nada que temer cuando hablamos de miedos. El miedo puede ser una emoción muy positiva, pero la mayoría de la gente no lo ve de esta manera. Cuando se trata de trabajar con su sombra, tenga en cuenta que ninguna energía o emoción es completamente mala o buena. El problema con el miedo no es el miedo en sí mismo, sino el hecho de que continuamos ignorándolo y reprimiéndolo, y actuamos como si sentir miedo fuera algo vergonzoso. Si se detiene a pensarlo, verá que el miedo muchas veces lo ha beneficiado.

4. **Anote las veces que este aspecto lo ha beneficiado:** ahora que se da cuenta de que nada es del todo bueno o malo, puede pensar en las veces que su aspecto de sombra lo ha ayudado y escribirlas en papel. Asegúrese de encontrar al menos dos beneficios.

5. **Preste atención a los cambios que ocurren dentro de usted mientras escribe**: puede sentir un cambio en su proceso de pensamiento, niveles de energía o diferentes emociones. Preste

atención a su pecho y a sus hombros en particular. Puede notar una reducción de la tensión y una respiración más fácil, o hasta una sensación de calor. Anote todas las sensaciones que siente al final de la carta, o si lo prefiere, en una página diferente. Es importante recordar que la carta es de amor porque su sombra no es su enemiga, es simplemente una amiga subestimada que está comenzando a darse cuenta de que lo ha ayudado en la manera en que pudo.

Desafíos de iluminar su sombra

Ser consistente no es fácil, pero debe seguir firme con el proceso: así como la sombra emerge por etapas, también lo hará su luz. Independientemente de lo que haya experimentado en el pasado, es poco probable que lo vuelva a experimentar. Al principio, esto se siente como una decepción, pero debemos mantener un cierto nivel de compromiso y confianza en que todo se desarrollará en su momento. Recuerde, este proceso que se da de la noche a la mañana. Algo que ayuda mucho es recordar lo afortunado que uno es de saber lo que sabe ahora sobre sí mismo en comparación a otra época. ¿Cómo he progresado tanto con mi sombra? Siendo constante.

Consejo: No piense en este proceso como un evento puntual, sino como un estilo de vida. Considérese un eterno explorador de su conciencia, y el proceso no se sentirá tan abrumador.

Sentirá dolor: aprenda a abrazar el dolor del proceso. No es una elección que se debe hacer a la ligera, pero es una elección que *debe* tomar. Si quiere iluminar su sombra, tendrá que renunciar a muchas cosas que le son familiares. Debe dejar de buscar respuestas afuera en el mundo y mirar para adentro. Sus miedos y dudas pueden parecer abrumadores al principio, pero pueden convertirse en grandes dones. No puede experimentar un cambio significativo sin un poco de dolor, e iluminar su sombra es igual.

Consejo: Si bien es posible que desee huir del dolor y la confusión, usted saldrá del proceso siendo una mejor persona por haber atravesado esas emociones. No se sienta tentado a permanecer en el mismo lugar, a menos que esté dispuesto a seguir limitando su vida. Cuando se ponga difícil, recuerde que si decide ser constante, valdrá la pena.

Se sentirá vulnerable: todos experimentan vulnerabilidad a medida que comienzan a rendirse al proceso de autoaceptación. No puede mantener sus murallas abiertas y cerradas a la vez. Tendrá que dejarlas caer de a poco, incluso cuando sea difícil. Cuantas más murallas esté dispuesto a derribar, más fácil le será iluminar su sombra.

Consejo: Recuerde lo vulnerables que somos todos como seres humanos, y que esa vulnerabilidad nos hace hermosos y nos acerca a los demás. Tenemos derecho a esos sentimientos porque todos los sentimos en algún momento. Permitir este sentimiento nos da alegría. Se sentirá más vulnerable que nunca, pero es un precio que vale la pena pagar por su libertad y su paz.

Es posible que experimente bloqueos: cuando comencemos a limpiar lo viejo y a traer lo nuevo, puede aparecer cierta resistencia. Quizás ya no desee cambiar, ni siquiera por su bien. Experimentará algunos bloqueos a lo largo del proceso. Todos necesitamos ayuda en ciertas áreas de nuestras vidas. Abrirnos a otras personas que nos apoyen marcará la diferencia. Ninguna persona tiene todas las respuestas, y no hay atajos para este camino.

Consejo: Todos tenemos algo que sanar, así que no escuche a los detractores que le dicen que este proceso no funciona. Dentro de usted hay algo valioso que vale la pena cuidar, incluso si debe hacer algunos cambios en su vida. Su hay un bloqueo es porque hay un gran avance. Tenga paciencia y tómelo con calma. Nadie dijo que fuera un trabajo sencillo.

El plan puede no ser lo suficientemente claro para usted: cuando hablamos del tamaño de la sombra, parece que habláramos de una forma de vida alienígena que necesitamos descubrir y comprender para avanzar con nuestras vidas. La sombra es compleja porque no siempre sabemos por dónde empezar a trabajar. Sobre todo si no sabemos qué tan profunda está enterrada dentro de nosotros.

Consejo: Su comprensión de su personalidad y sus experiencias de vida pueden ser limitadas. Esto no significa que no pueda comprender el concepto, solo que puede llevar algún tiempo. Siga avanzando en su proceso y dé un paso a la vez. El proceso requiere de práctica. Sea paciente y siga dando esos pequeños pasos.

No puede complacer a todos: la sombra no desaparecerá del todo hasta que dejemos de ponernos en posición de víctimas, quejándonos de no ser suficiente para alguien o algo. Todos nacemos con dones diferentes, y cada uno de nosotros tiene una opinión diferente sobre la forma en que vivimos nuestras vidas. Es posible que no le gusten ciertas personas, lugares o cosas, y es posible que tampoco les guste usted, pero de todos modos tendrá que lidiar con ellos. Encuentre satisfacción en el hecho de estar aquí y hacer una diferencia en su vida y en la vida de los demás.

Consejo: Solo hay una manera de vivir nuestras vidas, y es con actitud positiva. No se preocupe por lo que piensan los demás. Lo más importante es que nosotros pensemos en nosotros mismos con amor y aceptación.

Beneficios de iluminar su sombra

Vivirá con más claridad: al reconocer y aceptar nuestras sombras, nuestros pensamientos se verán con mayor claridad. Todos tenemos opción en esta vida. Depende de nosotros elegir si aprenderemos o no de cada momento. Nos beneficiamos enormemente del conocimiento que nos prepara para lo que viene.

Experimentará la cura: nada es imposible cuando decide y ser feliz de nuevo. La cura ocurre cuando hay un cambio. No podemos esperar que alguien más nos cure, pero podemos sentar las bases a través del autoconocimiento.

Atraerá una vida mejor: todas las personas y experiencias que necesita en su vida vendrán a usted cuando esté listo. Su intuición lo guiará hacia los lugares y personas indicadas, así que no permita que las personas o situaciones equivocadas controlen sus pensamientos o emociones.

Se dará cuenta de que muchos de sus bloqueos son emocionales: el yo emocional es difícil de tratar porque el cuerpo humano está lleno de energía. Si podemos dominar algunas de las emociones que nos impiden seguir, estaremos en camino a ser seres sin miedo a ser vulnerables.

Se sentirá más empoderado: cuando decide emprender este viaje, se está permitiendo hacer algo que algunos no pueden hacer: trabajar a través de sus emociones para encontrar su verdadera esencia. Esto lleva tiempo e implicará un conflicto interno, pero vale la pena.

Será capaz de amarse: el amor propio es el mejor regalo que podemos darnos a nosotros mismos, especialmente cuando hemos llegado tan lejos y hemos hecho tanto trabajo. Ámese y sienta orgulloso de quién es y hasta dónde ha llegado. Es una persona increíble y vale la pena cada pedacito de amor que haya mantenido oculto en su corazón hasta ahora. Es hora de verse a usted mismo de otra manera.

Tendrá una visión más positiva de la vida: la tarea más grande que podemos enfrentar es aprender a aceptar que cada momento nos trae nuevas oportunidades. Cuando nos demos permiso de ver eso y salir de nuestras zonas de confort, podremos ver el milagro de la vida.

Cuestionario: ¿He iluminado mi sombra?

1. ¿He sido capaz de aceptarme a mí mismo como realmente soy?
2. ¿Tengo el coraje y la fuerza necesarios para sanar completamente mis problemas emocionales?
3. ¿Continuo con miedo de "seguir progresando"?
4. ¿Estoy dispuesto a ver mi sombra como una oportunidad de obtener claridad?
5. ¿Estoy dispuesto a pasar por el incómodo proceso de aprender a amarme?
6. ¿Puedo aceptar la idea de que la vida es un milagro y que cada día trae algo nuevo?
7. ¿Tengo fe en que cuando haya hecho todo lo posible, el universo se encargará del resto?
8. ¿Estoy dispuesto a seguir caminando hacia el éxito cuando los demás estén perdiendo el equilibrio?
9. ¿Estoy dispuesto a hacer este viaje por mí mismo y hacer cambios de los que otros también puedan ser parte?
10. ¿Estoy dispuesto a luchar por lo que quiero?
11. ¿Tengo una actitud positiva sobre el futuro y el camino por delante?
12. ¿Puedo aceptar que cada día trae algo nuevo y que cada persona, lugar o cosa tiene algo valioso que enseñarme?
13. ¿Tengo suficiente confianza en mis habilidades para creer que nada puede detenerme?
14. ¿He permitido que la gente dijera cosas sobre mí sin temor a represalias de mi parte?
15. ¿Estoy dispuesto a ver la verdad sobre quién soy y la persona en la que me estoy convirtiendo?

Capítulo 10: Trabajo de sombras, una etapa del despertar espiritual

¿Qué es el despertar espiritual?

El despertar espiritual es un proceso en el que un individuo obtiene una visión profunda de la verdadera naturaleza del mundo y del yo. En este proceso, uno gana un sentido de conciencia universal o cósmica, que puede describirse como un sentimiento de saber todo y estar conectado con todas las cosas. El despertar espiritual no es simplemente un cambio en el pensamiento, sino también una intensa experiencia emocional y física que uno puede sentir en varios momentos de su vida. Cada individuo es único, por lo que la experiencia varía de persona a persona.

El trabajo de sombras es esencial para el despertar espiritual

Cuando trabajamos con nuestra sombra, cavamos profundamente dentro de nosotros mismos y observamos las cosas que hemos mantenido ocultas. Puede ser muy difícil lidiar con las emociones que salen a la luz. Es posible que en algún momento del proceso nos sintamos vulnerables o avergonzados. Sin embargo, ese es el propósito del trabajo de sombras, y en última instancia puede llevarnos a un despertar espiritual.

El despertar espiritual es un proceso que requiere tiempo, esfuerzo y compromiso. Debe seguir trabajando en sí mismo para que dure. De lo contrario, los viejos patrones pueden tomar control. El trabajo de sombras es un proceso en el que uno se da cuenta de sus debilidades, rasgos negativos e imperfecciones con el fin de mejorarlos. Le permite a uno tener una mirada más objetiva de sí mismo y su lugar dentro del universo. Este proceso puede ayudar en la realización de su verdadero ser, la obtención de empoderamiento personal, y el desarrollo de la identidad.

El trabajo de sombras es esencial para el despertar espiritual porque ayuda a uno a vigilar las áreas dentro de sí mismo que están frenando el progreso en otras áreas de la vida. También permite una comprensión más profunda de uno mismo y el crecimiento personal. En última instancia, el despertar espiritual se trata de aprender a ver la totalidad de lo que somos como seres humanos, y esto incluye todos los aspectos de nosotros mismos, también nuestro lado oscuro.

Los ejercicios del trabajo de sombras pueden guiarnos a un despertar espiritual

La meditación es un ejercicio del trabajo de sombras que puede ayudar al despertar espiritual
https://pixabay.com/images/id-5353620/

Los ejercicios del trabajo de sombras pueden guiarlo al despertar espiritual al ayudarlo a observar dentro de sí mismo. A través de este proceso, uno puede entender mejor su lado oscuro y, en última instancia, aprender a integrarlo. A medida que aceptemos nuestras debilidades, nuestros rasgos negativos e imperfecciones, entenderemos que son solo parte de la experiencia humana y ya no serán una carga. A través de la práctica de estos ejercicios, uno aprenderá a amarse y aceptarse a sí mismo tal como es y experimentar el amor propio.

El trabajo de sombras es esencial para desarrollar la capacidad de reconocernos a nosotros mismos dentro de nuestro entorno. Este proceso nos permite entender que no estamos separados unos de otros o desconectados del mundo que nos rodea. Todos estamos conectados y somos parte de una conciencia global.

El trabajo de sombras nos ayuda a tomar conciencia de nuestro lugar en el mundo y cultivar la aceptación de todo lo que es parte de nosotros mismos y de nuestras experiencias en este mundo. Este proceso le permite perfeccionar su empoderamiento personal para vivir una vida llena de propósito.

Para lograr un verdadero despertar espiritual, un individuo debe estar dispuesto a embarcarse en un viaje de autodescubrimiento que a veces puede ser incómodo. Como se dijo anteriormente, las fases iniciales del trabajo pueden ser estresantes y pueden hacerlo sentir vulnerable. Sin embargo, si usted supera estos sentimientos, comenzará a entender quién es usted como persona y su lugar dentro del universo. Esto puede producir efectos profundos en la autoestima y el sentido de identidad, y conducir a una mayor claridad en otras áreas de su vida.

También es importante tener en cuenta que no todos los ejercicios causarán un despertar espiritual. Muchos ejercicios de despertar espiritual, como la meditación y las prácticas de atención plena, están diseñados para ayudar a uno a estar en sintonía con uno mismo. Además, estos ejercicios lo pueden relajarlo y potencialmente causar un despertar espiritual a largo plazo, pero no necesariamente impulsarán el proceso.

Debe abrazar todos los aspectos de su ser para alcanzar el despertar espiritual

A medida que los individuos aceptan todas las partes de las que antes se avergonzaban, comenzarán a apreciarlas y amarlas. En cuanto a la sombra, uno debe estar dispuesto a aceptarla por lo que es para integrarla plenamente.

Nuestra perspectiva de nosotros mismos y del mundo que nos rodea está en constante cambio. La perspectiva de uno sobre nuestros aspectos también puede cambiar con el tiempo. Por ejemplo, en un momento de su vida puede verse gordo y luego perder peso y verse flaco. O incluso puede engordar y ver su antigua versión gorda como flaca. La forma en que nos percibimos a nosotros mismos no siempre es un reflejo preciso de quiénes somos.

De hecho, muchas personas dejan de lado algunas partes de sí mismas para cumplir con estándares sociales u otras expectativas. Por ejemplo, algunos evitan su deseo de ayudar a otros y dedican su tiempo y energía a ganar dinero. Otros pueden ser tímidos, y tratan de enmascararlo siendo extrovertidos y agresivos. Al rechazar nuestro "lado oscuro", nos sentimos incompletos como personas y carecemos de un sentido de amor propio. Esto también puede traer problemas a la salud mental. Es importante aceptarse por lo que uno es y permitir que otros hagan lo mismo.

El proceso de trabajo de sombras lo ayudará a enfrentar los aspectos de sí mismo que ha estado rechazando, a tomar conciencia de lo que son y a hacer las paces con ellos. Luego permitirá a los demás liberar la vergüenza o el miedo de estos rasgos negativos, emociones o experiencias para obtener la autoaceptación. Este proceso puede conducir al despertar espiritual porque una vez que las personas se aceptan a sí mismas por lo que son, su sentido de identidad se verá reforzado y su autoestima mejorará.

Señales del despertar espiritual

Se da cuenta de que la vida tiene mucho más para ofrecer: es posible que, hasta ahora, haya pensado que su vida era bastante mundana. Despierta, va a trabajar, gana dinero y regresa a casa. Trata de no perjudicar a nadie, es amable con el vecino, paga sus cuentas, mantiene la cabeza baja y es un buen ciudadano. Sin embargo, a medida que comienza a despertar espiritualmente, descubrirá que hay mucho más en usted y en la vida. Comenzará a preguntarse acerca de su verdadero propósito y cómo puede sacar el máximo provecho de esta vida.

Se vuelve más consciente de su entorno: es fácil quedar atrapado en el ajetreo y el bullicio de la vida cotidiana y dar por sentado todo lo que lo rodea. Sin embargo, a medida que se desarrolla espiritualmente, comienza a notar más detalles sobre su entorno, incluidas otras personas, plantas, animales y cómo todo está conectado. Sentirá un sentido de propósito y significado en la vida al reflexionar sobre lo afortunado que es de estar aquí en este momento.

Siente una creciente sensación de empatía: la empatía es realmente uno de los mejores dones para usted y para quienes lo rodean. A medida que se desarrolle espiritualmente, descubrirá que está más en sintonía con los sentimientos de los demás. Querrá proporcionar consuelo y alivio para su dolor y sufrimiento porque puede recordarle algo que sucedió en su vida. La experiencia personal es una gran maestra, así que si puede usarla, valdrá la pena.

Ya no se identifica con su ego: una de las cosas más importantes que nos enseña el despertar espiritual es que no somos nuestros egos. A medida que despertamos espiritualmente, comenzamos a darnos cuenta de lo mucho que nuestros egos se interponen en nuestra forma de vivir. Cuando vivimos en el presente, también estamos conectados con nuestro ser superior. Cuando no vive identificado con su ego, experimentará una profunda sensación de paz y alegría porque ya no está viviendo en el pasado o preocupándose por el futuro.

Descubre la conexión entre todas las cosas: aumentará su comprensión de la realidad y su conexión con el mundo que lo rodea. Sentirá un profundo sentido de gratitud. Abrirá su corazón y comenzará a sentir más compasión por todo lo que lo rodea y por usted mismo.

Se vuelve más consciente de sus sentidos: a medida que despierta, comenzará a estar más en sintonía con las diferentes facetas de su ser y su vibración. También se volverá más consciente de cómo estas frecuencias pueden afectar las emociones, pensamientos y comportamientos de los demás. Descubrirá que es importante permitirse estar presente en este momento mientras experimenta la vida.

Se siente más liviano: es normal que las personas se sientan inseguras sobre sus cuerpos porque tendemos a compararnos con la apariencia de los demás. Pero a medida que despierta, se dará cuenta de que usted es mucho más que un cuerpo físico. Sus pensamientos, sentimientos y comportamientos son tan importantes como todo lo demás.

Siente las cosas de manera más profunda: ahora que podemos aceptarnos a nosotros mismos como realmente somos, es posible que sintamos todo a un nivel más profundo. Cuanto más profunda es la emoción o el sentimiento, mayor es nuestra capacidad de conectarnos a nivel personal. Comenzamos a buscar significado en nuestras vidas, y esta búsqueda nos lleva a lo que creemos que es "verdadero". Muchos tienen dificultades para desarrollar algún tipo de espiritualidad porque no saben dónde buscar o dudan de si es real.

Etapas del despertar espiritual

1. **Reconocer la existencia del espíritu:** lo primero es darse cuenta de que hay mucho más en la vida que los aspectos físicos. En esta etapa del despertar espiritual, deja de pensar en sí mismo y en lo que necesita hacer para sobrevivir, y empieza a pensar en la conciencia a gran escala. Se siente como el héroe de una película, convocado de su vida cotidiana mundana a una aventura más grandiosa. Llega un momento en nuestra vida que nos damos cuenta de que no podemos simplemente seguir viviendo de la misma manera. Nos damos de que las únicas opciones son evolucionar o morir. Para algunas personas, este momento crucial podría ser el resultado de perder a un ser querido, la ruptura de una relación importante, una experiencia cercana a la muerte, una gran enfermedad o la pérdida un trabajo conveniente. No importa la situación específica, pero es una emoción que todos vivimos. Esta experiencia lo llevará a su centro. Lo hará darse cuenta de que la forma en que siempre ha visto la vida ya no es apropiada. Lo despertará de un sacudón. En ese momento, puede cerrar los ojos y volver a dormir o levantarse y encarar esa aventura. En esta instancia, lo mejor es prestar atención al llamado porque si no lo hace, la vida creará un nuevo conjunto de circunstancias con el mismo patrón para sacudirlo una vez más. No es nada agradable quedarse atrapado en ese círculo.

2. **Elegir su camino:** en este punto de su despertar, se da cuenta de que su visión del mundo debe expandirse, y para que eso suceda, debe elegir qué camino seguir. Este período es tan emocionante como aterrador. Se cuestionará todo lo que siempre ha creído sobre sí mismo, las personas de su vida y el mundo que lo rodea, y se verá obligado a cambiar su postura sobre muchas cosas. Este es el punto donde algunas personas recurren a la religión, y otros recurren a prácticas espirituales como la meditación. Otros incluso recurren a los psicodélicos para explorar su conciencia interna y la conciencia del mundo. Algunos elegirán múltiples rutas para encontrar las respuestas.

Nadie debería decirle si un camino es mejor que otro. Deje que su corazón lo guíe.

3. **Recorrer el camino**: ahora se convertirá en un buscador. Estudiará todo lo que necesita saber sobre sí mismo y el mundo que lo rodea para conectarse con la realidad de la vida. Cuanto más avance, más familiar se sentirá todo, pero también se presentarán nuevos desafíos para que no se sienta demasiado cómodo. En esta fase, pasará de usar marcos de referencia externos, como las cosas que usted tiene y el lugar en el que está en la vida, a sus marcos de referencia internos, como la guía espiritual y la intuición. Al encarar un problema, ya no usa sus viejos formatos basados en el ego y lo externo, sino que quizás se siente a meditar o permanezca quieto en búsqueda de respuestas internas. Sabe que está progresando cuando se siente más y más liviano cada día, y la alegría es su estado natural. No se toma la vida tan en serio, y ya no se apega al melodrama como los demás. Sus deseos se cumplen con facilidad. Antes solía luchar por hacer sus sueños realidad. Ahora los manifiesta con facilidad y fluidez. Todos sus proyectos están influenciados por la gracia. Experimenta milagros constantes y pequeñas "coincidencias" en su vida que lo llevan hacia su propósito final.

4. **Perder el camino:** esta es otra fase del viaje espiritual del que debe ser consciente. Nadie dijo que el despertar espiritual siempre sería un lecho de rosas. En este camino, se verá obligado a enfrentar sus bases cognitivas y las formas en que ha estado engañándose. Tendrá que hacer las paces con sus defectos y deficiencias. Es necesario estar dispuesto a adaptarse, cambiar sus pensamientos y emociones y la manera en que percibe las cosas para llenarse de compasión y comprensión. Es posible que se encuentre con ciertas cosas o situaciones que desafiarán a su nuevo ser despierto, y depende de usted no ceder a la tentación de renunciar a su viaje. Lamentablemente, en este punto muchas personas eligen volver a su vida anterior. Si esto le sucede, no se preocupe. La vida volverá a llamar a su puerta para despertarlo una vez más. Sin embargo, es mucho mejor seguir adelante en vez de comenzar desde cero más tarde. Los desafíos pueden venir desde sus creencias personales, situaciones limitantes, enemigos físicos reales o contratiempos en su camino. Intentarán evitar que llegue a un nivel de conciencia más

elevado. Todo esto está diseñado para hacerlo dudar de sí mismo. Pero debe permanecer fiel a su camino. Como dijo una vez el gran Robert Frost: "La única salida es atravesar".

5. **Alinearse con su camino**: esta fase del despertar espiritual es la trascendencia. Se da cuenta de lo conectado que está con la vida y ya no ve la distinción entre usted y los demás. Puede ver a Dios en todo. Uno puede asumir que, para llegar a esta fase, necesita acumular mucho conocimiento y experiencia, pero no es así. La forma de llegar a este punto es dejar ir por completo todo lo que cree que sabe. Continúe despegando las capas del ego hasta que no queda nada más que conciencia pura, lo que se conoce como el estado de "Yo soy". No importa en qué etapa de su viaje esté, incluso si aún no ha despertado, este es el estado que todos estamos buscando.

Cuestionario: ¿En qué etapa del despertar espiritual estoy?

1. ¿He experimentado recientemente algo que me ha hecho cuestionar la vida?
2. ¿Tengo la sensación de que puede haber algo más que mi rutina diaria?
3. ¿Siento inquietud e insatisfacción dentro de mí?
4. ¿Me siento inseguro acerca de las creencias que tengo sobre la vida?
5. ¿He llegado a un punto en el que estoy desesperado por un cambio?

Si respondió afirmativamente a al menos tres de estas preguntas, está en la primera etapa del despertar espiritual.

1. ¿Estoy buscando una manera de explorar mi espiritualidad?
2. ¿He estado considerando otros caminos últimamente?
3. ¿Siento una sensación de miedo mezclada con emoción?
4. ¿Mi intuición me señala a un maestro o práctica espiritual específica?
5. ¿Soy consciente de que una vez que comience este viaje no hay vuelta atrás? ¿Estoy en paz con eso?

Si respondió afirmativamente a al menos tres de las cinco preguntas, se encuentra en la segunda etapa de su viaje.
1. ¿He elegido los caminos y herramientas que deseo usar para explorar mi lado espiritual?
2. ¿Me encuentro aprendiendo más y, aun así, deseando más conocimiento?
3. ¿Estoy empezando a buscar las respuestas dentro de mí en vez de tratar de controlar el exterior?
4. ¿Diría que mi vida se siente mucho más liviana ahora que antes de comenzar el camino espiritual?
5. ¿He notado mucha más sincronicidad a mi alrededor?

Si responde afirmativamente a al menos tres de estas preguntas, se encuentra en la tercera fase.
1. ¿Estoy empezando a perderme en este camino espiritual que he elegido?
2. ¿He empezado a darme cuenta de lo imperfecto que soy?
3. ¿Estoy lidiando con la incomodidad de mis bases cognitivas?
4. ¿He notado una tendencia a no ser consistente con mis prácticas?
5. ¿Me siento frustrado conmigo al punto de querer volver atrás?

Si respondió afirmativamente a tres de estas preguntas, significa que está en la cuarta fase. Enfóquese para no perder el rumbo. Continúe. Valdrá la pena.
1. ¿Me resulta cada vez más difícil juzgar a alguien o algo porque entiendo que son parte de mí?
2. ¿Mi sed de conocimiento ha sido reemplazada por la satisfacción de simplemente experimentar la vida?
3. ¿Comprendo ahora que el ego no es lo que soy, sino una herramienta para usar a mi favor?
4. ¿Me he dado cuenta de que soy más grande que conceptos como el éxito y el fracaso?
5. ¿Comprendo ahora que no hay nada que hacer sino simplemente ser?

Si respondió que sí a al menos tres de estas preguntas, está en la etapa final del despertar espiritual. Disfrute, pero también entienda que las personas despiertas pueden volver a dormirse. Si alguna vez se duerme, no se agobie. ¿Cómo puede despertar si no está dormido? El despertar es un proceso continuo. Nunca se castigue, no importa en qué parte del proceso se encuentre.

Guía de 30 días para el despertar espiritual a través del trabajo de sombras

Día 1: siéntese a meditar durante quince minutos y simplemente preste atención a su respiración.

Día 2: saque su diario y escriba todas las cosas positivas que se le ocurran sobre sí mismo. Cuando haya terminado, lea su lista y contemple cada punto durante uno o dos minutos.

Día 3: escriba en su diario todos los rasgos negativos que se le ocurran. Cuando haya terminado, revise la lista y haga todo lo posible para no juzgarse a sí mismo. Simplemente acepte esas verdades sin querer catalogarlas como "correctas" o "incorrectas".

Día 4: vuelva a las notas del día 2 y escriba lo contrario de todo lo que anotó como cosas buenas sobre usted. Cuando haya terminado, siéntese durante unos diez a quince minutos tratando de recordar los momentos en que actuó "mal". No se juzgue.

Día 5: haga el ejercicio con espejo mencionado en este libro.

Día 6: elija algunas afirmaciones de este libro, alrededor de dos o tres, y concéntrese en lo que significan para usted por solo diez minutos. Si tiene alguna idea, puede escribirla en su diario.

Día 7: piense en algún desafío al que se esté enfrentando, y luego recuerde la primera vez en la vida que sintió esa emoción específica.

Escriba sobre el desafío y el primer recuerdo que tiene sobre esa emoción.

Día 8: elija un aspecto de sí mismo que lo haya estado perjudicando y escríbale una carta.

Día 9: realice la técnica 3-2-1 para un aspecto de su sombra que desea abordar e integrar.

Día 10: registre todas las ideas que haya tenido de sus ejercicios desde el primer día hasta ahora. Anote tres cosas a mejorar en su vida cotidiana.

Día 11: pase tiempo en un lugar o con personas que lo "provoquen" a sentirse incómodo de alguna manera. Cuando se sienta provocado, preste atención a los pensamientos y emociones y regístrelos.

Día 12: revise todo lo que escribió el día anterior y piense en cómo las cosas que lo incomodan están dentro suyo. Piense en las formas en que, inconscientemente, las ha buscado. Escriba sus descubrimientos.

Día 13: siéntese con su espejo y haga cinco afirmaciones. Elija los más difíciles de aceptar y reflexione sobre lo que significa para usted.

Día 14: durante quince minutos, siéntese y contemple el hecho de que no es perfecto. Lea las notas a partir del día 11. Siéntase cómodo con el hecho de que la gente piensa y se siente de esta manera acerca de usted también.

Día 15: siéntese frente a su espejo y piense en las veces que ha hecho algo de lo que no está orgulloso. Permita que cada experiencia se desarrolle completamente en su mente, y cuando haya terminado, dígase a sí mismo mientras se mira a los ojos: "Está bien. Hiciste lo mejor que pudiste en ese momento".

Día 16: haga el ejercicio de diálogo de voces. Escriba sus ideas.

Día 17: haga el ejercicio de enfrentarse a su "buen" yo. Escriba sus ideas.

Día 18: hable con dos o tres personas de confianza. Deje que le digan de tres a cinco cosas buenas y de tres a cinco cosas malas sobre usted. Mientras escucha, preste atención a cualquier impulso que sienta. Anote lo que dicen sobre usted. Tenga en cuenta con qué está de acuerdo y con qué no está de acuerdo. Siéntese y pregúntese "por qué" en ambos casos. Anote sus ideas en su diario.

Día 19: haga el ejercicio de "drenaje versus energía", y decida hacer al menos una cosa para ganar más energía y alegría en la vida.

Día 20: siéntese en silencio y reflexione sobre todo lo que ha aprendido desde el día 11 hasta este punto. Anote cualquier nueva información que pueda surgir dentro de usted.

Día 21: haga el ejercicio de hablar en voz alta. Asegúrese de registrar todo lo que aprenda sobre usted y su mente.

Día 22: escriba otra carta a otro aspecto de su sombra que quiera integrar para progresar en el aspecto de su vida que lo esté frenando.

Día 23: anote una o dos experiencias traumáticas de su infancia. Encuentre el hilo para entender cómo lo afecta en este momento como adulto. Cuando lo identifique, siéntese frente al espejo y afirme repetidamente: "Quien yo era entonces no afecta a quien soy ahora. Elijo ser mejor".

Día 24: pase un tiempo con aquellos que lo hacen sentir bien. Preste atención a lo que ama de ellos. Luego, escriba sus ideas sobre su comportamiento. Siéntese con lo que ha escrito y contemple el hecho de que esas cualidades también están dentro de usted. Observe todo lo que le cuesta aceptar y siga el hilo emocional para entender el porqué. Escriba sus ideas.

Día 25: elija cinco afirmaciones de este libro y úselas en su trabajo de espejo de hoy. Continúe repitiendo y asegúrese de sentir cada palabra. Si siente algún bloqueo o problema para aceptar algo, escriba en su diario el porqué.

Día 26: haga el ejercicio de diálogo de voces para otro aspecto de su sombra. Anote todo lo que surja.

Día 27: siéntese a meditar por solo quince minutos, permitiéndose sentir amor mientras respira. Si necesita ayuda para invocar esa emoción, piense en alguien querido o en un momento en el que haya sentido amor pleno. Al terminar la meditación, visualice su lado oscuro en su mente y abrácelo con fuerza y con todo el amor que siente en su interior.

Día 28: escriba una carta a ese aspecto que se sienta poco digno de amor y de recibir cosas buenas. Contemple y escriba sobre cómo este aspecto de su sombra ha tratado de protegerlo y ayudarlo. Agradézcale por sus servicios y pídale con amor y aprecio que lo libere.

Día 29: realice la técnica del tubo de luz arco iris antes de acostarse. Cuando se despierte por la mañana, tome nota de sus sueños y vea qué información puede obtener. Si no puede ver nada todavía, vuelva a intentar en otro momento.

Día 30: contemple todo lo que ha aprendido desde el comienzo de este viaje hasta hoy, y escriba cualquier cosa que le parezca profunda. Puede repetir esta guía según sea necesario durante los próximos 30 días.

Vea más libros escritos por Mari Silva

Su regalo gratuito

¡Gracias por descargar este libro! Si desea aprender más acerca de varios temas de espiritualidad, entonces únase a la comunidad de Mari Silva y obtenga el MP3 de meditación guiada para despertar su tercer ojo. Este MP3 de meditación guiada está diseñado para abrir y fortalecer el tercer ojo para que pueda experimentar un estado superior de conciencia.

https://livetolearn.lpages.co/mari-silva-third-eye-meditation-mp3-spanish/

Referencias

Casement, A. (2006). La sombra. Manual de psicología junguiana: teoría, práctica y aplicaciones.

Chappell, S., Cooper, E. y Trippe, G. (2019). Trabajo de sombras para el desarrollo del liderazgo. Journal of Management Development.

Dourley, J. P. (1994). A LA SOMBRA DE LOS MONOTEÍSMOS. Jung y los monoteísmos: el judaísmo, el cristianismo y el islam.

Grosso, C. (2015). Todo en mente: Lo que he aprendido sobre los golpes duros, el despertar espiritual y su alucinante verdad. Sounds True.

Gilmore, J. (2019). El arte comunitario como trabajo de sombras. Jung Journal.

Karpiak, I. E. (2003). La sombra: extraer su oscuro tesoro para la enseñanza y el desarrollo de los adultos. Canadian Journal of University Continuing Education.

Kremer, JW y Rothberg, D. (1999). Enfrentando la sombra colectiva. ReVision.

McLaughlin, R. G. (2014). El trabajo de sombras como apoyo para el desarrollo adulto. Lesley University.

Mayer, C. H. (2017). Vergüenza: "Una emoción que alimenta el alma": trabajo arquetípico y la transformación de la sombra de la vergüenza en un proceso de desarrollo grupal. El valor de la vergüenza. Springer, Cham.

Morley, C. (2021). Soñar a través de la oscuridad: ilumine su sombra para vivir la vida de sus sueños. Hay House, Inc.

Onyett, S. y Hill, M. (2012). Integración del trabajo de sombras y reflexión de investigación apreciativa sobre las desigualdades estructurales, las polaridades y el dolor. AI Practitioner.

Sol, M. y Luna, A. (2019). El proceso del despertar espiritual. Luna & Sol Pty Ltd.

Stokke, C. y Rodríguez, M. C. Experiencias del despertar espiritual: un estudio fenomenológico en psicología transpersonal.

Sutton, N. (2021). La elevación de consciencia como guía a través del despertar espiritual. Hay House, Inc.

Wilber, K., Patten, T., Leonard, A. y Morelli, M. (2008). Práctica de vida integral: un plan del siglo XXI para la salud física, el equilibrio emocional, la claridad mental y el despertar espiritual. Shambhala Publications.

Zweig, C. y Wolf, S. (1997). Romantizando la sombra: Iluminar el lado oscuro del alma. Ballantine Books.

www.ingramcontent.com/pod-product-compliance
Lightning Source LLC
Chambersburg PA
CBHW051843160426
43209CB00006B/1139